直前30日で9割とれる
吉見直倫の共通テスト 倫理

河合塾講師
吉見直倫

JN048614

＊本書には「赤色チェックシート」がついています。

はじめに

◆ あいさつ

　本書を選んでいただき、ありがとうございます。はじめまして、本書を執筆した吉見直倫です。普段は河合塾という大学受験予備校で教壇に立って講義をしたり、各種模擬試験やテキストの作成に携わったりしています。

◆ 本書について

　本書は、**大学入学共通テスト**（以下、「共通テスト」）の**倫理**において**高得点獲得をねらうための参考書**です。本書を執筆するにあたり、「受験生が混同しやすい人名・原典・著作について、その区別（見極め）ができるような１冊をつくるぞ！」ということを意識しました。そのため、「この思想は誰のものか？」「この言葉を述べたのは誰か？」「この著作の著者は？」をチェックしながら読み進めていくつくりとなっています。本書を活用して、知識の確認・補充・定着を図っていただければ、と思います。

　倫理の試験問題の中には、"**一つの設問において複数の人物の思想を登場させる形式**"が数多く存在します。例えば、選択肢の①はサルトル、②はキルケゴール、③はヤスパース、④はニーチェというように、様々な人物の思想に関する記述を一つひとつの選択肢に登場させるという形式がその典型です。本書の特長は、この形式の設問への対応力を鍛えていくことに重きを置いている点にあります。特に混同しやすい人名などについては、演習を反復するなど、**何度も復習する**ことによって、その区別（見極め）の精度を高めていきましょう。

◆ 「共通テスト」対策に関して

「共通テスト」の倫理を攻略するために最も重要な基礎力は何か。ズバリ**知識力**であると考えます。ここにいう知識力とは、倫理の教科書に掲載されている知識内容を適切に理解し、そこで得た知識内容を活用する力をさします。知識力があれば、「共通テスト」の様々な設問で次々と正解を導くことができるようになり、高得点を獲得できるでしょう。本書と真剣に向き合うことで知識力を高めることは可能です。**粘り強く**

"この一冊"を最後までやり遂げましょう。

「共通テスト」の倫理では、文章資料や写真資料、図表を多用する設問や、倫理的な諸課題を多角的に考察しながら論理的に思考するタイプの設問などの出題が予想されます。これらの設問は、思考力・判断力・表現力を測ることをねらいとするものであり、**従来のセンター試験には見られない新形式をとることが少なくないでしょう。**「共通テスト」に向けて、本書以外の問題集（予想問題集の演習や「共通テスト」対応型の模擬試験の復習など）も活用し、新形式の設問を演習しておくことは有効であると考えます。

ただし、「共通テスト」の倫理においても、**センター試験と同様の形式の設問が出題される可能性は高いです。**そして、センター試験の過去問の演習もまた、「共通テスト」の対策の一環として有効であると考えます。センター試験の過去問を一つひとつ検討していくことは、倫理の重要な知識の再確認や新たな知識の補充につながりますから、得点力アップに必ずつながると確信しています。

◆本書を活用して得点力アップ

上述の通り、新形式の設問と、センター試験と同様の形式の設問の、両方の演習をお勧めしますが、そうした演習に入る前に、本書を活用して準備をしておくこともお勧めします。本書を用いて知識を固めておけば、演習における出来（手応え）は必ず良くなります。本書を有効に活用して各設問への対応力を高め、「共通テスト」での成功をつかみ取りましょう。

本書がみなさんの得点力アップにつながってくれれば、幸いです。入試本番での健闘を期待しております。

2020年夏

吉見　直倫

第 1 章
青年期の課題と自己形成

第 2 章
源流思想

第 3 章
西洋近現代思想

第 4 章
日本思想

第 5 章 現代の諸課題と倫理

本文デザイン◎ホリウチ ミホ

本書の特長と使い方

本書は、大学入学共通テスト「倫理」で効率よく高得点をとるための一冊です。
センター試験や共通テスト試行調査（プレテスト）の出題をもとに、
必要な情報を厳選しました。十分に活用して、実力をつけてください。

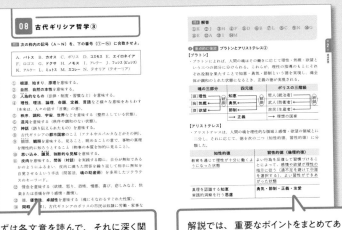

まずは各文章を読んで、それに深く関連する用語を語群から選びましょう。紛らわしいものが多いので、しっかり区別して理解することを意識してください。

解説では、重要なポイントをまとめてあります。比較しながら、整理してインプットしてください。重要用語は赤色チェックシートで隠して確認しましょう。

共通テストの新形式に対応した問題演習です。知識が定着しているかを確認しましょう。

正解しても間違えても、一度は解説を読んでください。赤字や下線で強調された大事なところを覚えておくことで、入試本番で差がつきます。

青年期の課題と自己形成

問1 次の枠内の記号（A～J）を、下の番号（①～⑩）に合致させよ。

A．第二次性徴　　　　　B．心理・社会的モラトリアム
C．第二反抗期　　　　　D．ピーターパン・シンドローム
E．第二の誕生　　　　　F．心理的離乳（精神的離乳）
G．マージナル・マン　　H．疾風怒涛の時代（シュトゥルム・ウント・ドラング）
I．パラサイト・シングル　J．通過儀礼（イニシエーション）

① レヴィンのキーワード。青年は、子どもの集団にも大人の集団にも完全には属さない存在、両集団にまたがる存在であるという意味の用語。

② ルソーのキーワード。青年期が精神的自立の時期であることを示す言葉。

③ 感情の起伏が激しく、強い自己主張があらわれやすい青年の時期を意味する語句。もともとは衝動的な感情の嵐を描く文学運動をさす語句。

④ 思春期の身体的変化、性的成熟を意味する語句。

⑤ 自己主張が強くなり、自立を図る過程で周囲の大人と対立したり批判的な態度をとるようになる時期を意味する語句。

⑥ ホリングワースのキーワード。親の厚い保護から離れようとする、親からの精神的独立・自立していく過程をさす語句。

⑦ 童話に出てくる永遠に大人にならない少年になぞらえた語句。大人社会に属することを拒み、少年であり続けたいと考えるような人のあり方をさす。

⑧ エリクソンのキーワード。社会的な責任や義務の遂行を猶予される時期を意味する語句。

⑨ 人が一生の中で経験する儀礼習俗を示す用語。具体例として成人式・結婚式・葬儀などがある。

⑩ 学校卒業後も親元に同居し、自立に伴う苦労を回避し、自らの趣味と自由な独身生活を楽しむ独身男女の暮らしぶりをさす。

問1 解答

① G　② E　③ H　④ A　⑤ C　⑥ F　⑦ D　⑧ B　⑨ J　⑩ I

▶ 青年期とは

青年期とは、子どもから大人へと大きく変容し、成長をとげる時期、大人になるための見習い期間をさす。およそ10代から20代の生徒・学生は青年期に該当する。

▶ 重点的に復習 エリクソン

エリクソンは、青年期における最大の発達課題を**アイデンティティ（自我同一性）の確立**においた。アイデンティティが確立するということは、ありのままの自分がわかり、自分なりの考え方・価値観・人生観をもち、自分らしい生き方をすること、そして、うまく社会と折り合いをつけながらも一貫性・連続性のある安定した自己像をもつこと、を意味する。

エリクソンは、青年期を社会で自立するための準備期間と捉え、**心理・社会的モラトリアム（猶予期間）** と位置づけた。エリクソンによれば、青年期は、社会が青年に許容している**役割実験**の時期であり、青年期の人格形成においては、それまでに経験したことのない様々な役割や活動に取り組み、試行錯誤することが重要である。

なお、エリクソンは、青年期の心理・社会的課題が達成されていない状態として、**アイデンティティ（自我同一性）の拡散（危機）** を挙げている。これは、自分は自分であるという主観的な感覚およびその連続性がもてない状態であり、そのため**アパシー**（無関心、無感動、無気力）に陥り何事にも意欲がわかないこともある。

問2 次の枠内の記号（A～J）を、下の番号（①～⑩）に合致させよ。

A. レヴィン　　B. ルソー　　　C. エリクソン　　D. ホリングワース

E. アリエス　　F. 小此木啓吾　G. ピアジェ　　　H. ハヴィガースト

I. カント　　　J. マーガレット・ミード

---

① 「心理・社会的モラトリアム」「役割実験」はこの人物のキーワード。

② 「マージナル・マン（境界人、周辺人）」はこの人物のキーワード。

③ 「第二の誕生」はこの人物のキーワード。

④ 「心理的離乳（精神的離乳）」はこの人物のキーワード。

⑤ 『啓蒙とは何か』を著し、青年期は「あえて賢くあれ」という声に導かれて生まれ変わる、人生の啓蒙期であるとした。

⑥ 一人前の人間として自立することを回避して大人になろうとしない青年期の人間を「モラトリアム人間」と呼んだ人物。

⑦ 子どもの認識能力の発達段階について研究した人物。自己中心的な立場から離れ、他者の視点を身につけ、客観的で多面的なものの見方ができるようになっていく過程を「脱中心化」と呼んだ。

⑧ 無文字社会には青年期が見られない、サモア島の若者には文明社会の若者と違い、青年期特有の不安感などが見られない、という内容の調査結果を報告したことで知られる人物。

⑨ 『子どもの誕生』を著し、中世のヨーロッパにおける子どもは現代の子どもとは異なり、大人とともに早くから労働することが期待されていた、と指摘した歴史学者。

⑩ 青年期における発達課題として、「同年齢の男女との洗練された交際を学ぶこと」「職業を選択し、準備すること」「結婚と家庭生活の準備をすること」「市民として必要な知識と態度を発達させること」などを挙げたことで知られる人物。

問2 解答

①C ②A ③B ④D ⑤I ⑥F ⑦G ⑧J ⑨E ⑩H

▶ルソー

ルソーは、『エミール』において、「われわれはいわば2回この世に生まれる。1回目は存在するために、2回目は生きるために。つまり最初は人間として、次には男性、女性として生まれる」と述べ、青年期を自我の目覚めの時期、精神的な自立の時期であるとした（胎児が母体を離れる「**第一の誕生**」に対し、青年期を「**第二の誕生**」と位置づけた）。

▶レヴィン

レヴィンは、青年を、もはや子どもではないが、まだ大人にもなりきれていない存在という意味で、**マージナル・マン**（**境界人、周辺人**）と呼んだ。

▶ハヴィガースト

ハヴィガーストは、**青年期における発達課題**として、次のものを挙げている。

・同年齢の男女との洗練された交際を学ぶこと。
・男性として、また女性としての役割を学ぶこと。
・自分の身体の構造を理解し、身体を有効に使うこと。
・両親や他の大人からの情緒的独立を達成すること。
・経済的独立について自信をもつこと。
・職業を選択し、準備すること。
・結婚と家庭生活の準備をすること。
・市民として必要な知識と態度を発達させること。
・社会的に責任のある行動を求め、それをなしとげること。
・行動の指針としての価値や倫理の体系を学ぶこと。

問3 次の枠内の記号（A～E）を、下の番号（①～⑤）に合致させよ。

A．クレッチマー　　B．ユング　　C．フロム
D．シュプランガー　　E．マズロー

① 欲求を階層的に捉え、人間は低次の欲求が充足されると、より高次の欲求があらわれるとして、**5段階からなる欲求の階層構造**を説いた（**欲求階層説**）。

② **性格類型**を行い、「**外向型（交際好き）**」と「**内向型（思慮深い）**」の2種類に分類した。**フロイト**とともに精神分析の研究に取り組んだ精神医学者だが、やがてフロイトと決別し、独自の理論を築いたことでも知られる。

③ **性格類型**を行い、「**生産的性格（主体的）**」と「**非生産的性格（服従的）**」の2種類に分類した。『**自由からの逃走**』を著したことでも知られる。

④ **性格類型**を行い、次の3種類に分類した（人間の性格と体型に注目した）。

> ・やせ型＝分裂気質（非社交的）
> ・肥満型＝循環気質（社交的）
> ・しまり型＝粘着気質（几帳面）

⑤ **性格類型**を行い、次の6種類に分類した（人間の性格と文化的関心の関係に注目した）。

> ・理論型(客観性・合理性重視)　　・権力型(地位・支配への欲求)
> ・経済型(お金・財産への関心)　　・社会型(友情・福祉への関心)
> ・審美型(美・快楽への関心)　　・宗教型(宗教に価値をおく)

問3 解答
①E　②B　③C　④A　⑤D

> **重点的に復習** マズロー

　マズローは、人間の欲求の階層的構造に着目し、低次の欲求である**生理的欲求**がある程度満たされると、より高次の欲求である**安全の欲求、所属と愛情の欲求、自尊（承認）の欲求**へと順次、欲求の対象が移っていき、**自己実現の欲求**に至るとする**欲求階層説**を提唱した。

①：成長欲求
②～⑤：欠乏欲求

04 自己形成②

問4 次の枠内の記号（A〜E）を、下の番号（①〜⑤）に合致させよ。

A．ユング	B．オルポート	C．**ラカン**
D．フロイト	E．**アドラー**	

① **精神分析学の祖**。人間の心は、**イド（エス）、自我（エゴ）、超自我（スーパーエゴ）**からなると説いた。また、夢や性衝動（リビドー）・無意識のメカニズムを研究し、自動的に欲求を制御する心の働き「**防衛機制（防衛反応）**」に関する分析を行ったことでも知られる。

② 人間の行動や意識には無意識の領域が深く関与すると考え、とりわけ無意識における人類共通の性質（**集合的無意識**）に着目して「**元型**」と呼ばれる概念を提唱した。

③ ①の人物の弟子で、人間の適応のあり方について論じた人物。人前で話すことが苦手な人が努力して雄弁家になるように、人間が劣等感を克服しようとする意識の働きを「**補償**」と呼んだ。

④ フロイトの学説に大きな影響を受け、「**フロイトに還れ**」と訴えた精神分析学者。彼によれば、子どもは他者が自分に求めることを自己の欲望としていくときに、無意識が形成されるという（「人間の欲望とは、他者の欲望を欲望することである」）。

⑤ 種々の状況において一貫してあらわれる行動傾向を「**特性**」と呼び、特性によって人間の性格を記述した。なお、彼によれば、不安や欲求不満などに左右されず、安定した情緒を保つことが、成熟した人格の条件の一つである。

問4 解答

①D　②A　③E　④C　⑤B

▶ 重点的に復習 防衛機制（防衛反応）

　フロイトによれば、人間は、日常生活において**欲求不満（フラストレーション）**や**葛藤（コンフリクト）**などによって自我崩壊の危機に直面したとき、無意識のうちにそれを回避しようとする。この心の働きは**防衛機制（防衛反応）**と呼ばれる。

欲求不満に陥ったとき

- → 合理的解決 　要求水準の切下げや、まわり道などによって解決する
- → 近道反応（攻撃行為）　衝動的な攻撃や破壊で緊張を解消する
- → 防衛機制（防衛反応）
  - ── 抑圧：欲求を無意識のうちに抑えつける
  - ── 合理化：自分の失敗などをもっともらしい理由をつけて正当化する
  - ── 同一視 ── 摂取：他者がもつ長所・特性を自分のものとして取り入れ、自分がもっているかのように思い込む
    - ── 投射：認めがたい欲求や感情を、相手のものと思い込む
  - ── 反動形成：抑圧した欲求と反対の行動を示す
  - ── 逃避：空想など、現実と関係のない世界に逃げ込む
  - ── 退行：幼児化するなど、一段階前の発達段階に逆戻りする
  - ── おき換え ── 代償：よく似た代わりのもので欲求を満たす
    - ── 昇華：社会的に価値のある行動に向かう
- → 失敗反応 　適応できない状態

問5 次の枠内の記号（A～H）を、下の番号（①～⑧）に合致させよ。

> A．ベルクソン　B．ヴェイユ　　C．ホイジンガ　D．神谷美恵子
> E．フランクル　F．ショーペンハウアー　G．カッシーラー　H．リンネ

① 人間を「ホモ・サピエンス（**英知人**）」と定義した生物学者。

② 人間を「ホモ・ルーデンス（**遊戯人**）」と定義した文明史家。

③ 人間を「ホモ・ファーベル（**工作人**）」と定義した哲学者。

④ 人間は「**象徴（芸術など）を操る動物**」であると説いた哲学者。

⑤ 「**人生とは一般には苦痛と退屈との間の振り子運動である**」と述べ、こうした振り子運動からの脱出への道を、芸術的・音楽的な生き方や宗教的な生き方のうちに求めた人物。彼によれば、この世界は、非合理的な意志に突き動かされるものであり、矛盾と苦悩にみちている。こうした考え方は、**ペシミズム（厭世主義）**と呼ばれる。

⑥ 自らの工場労働の体験をもとに『**工場日記**』を著した人物。労働者が機械の歯車の一部に組み込まれることによって、自由な思考を特徴とする人間の尊厳が奪われていることを指摘した。

⑦ ハンセン病患者の療養所での医師としての勤務の体験をもとに『**生きがいについて**』を著した人物。「**生きがい**」とは、物質的な満足とは異なる次元のものであり、心が愛・勇気・信頼・喜び・希望など精神的な価値によって満たされている心の充足感であるとした。

⑧ ナチスのアウシュビッツ強制収容所における極限状況の体験をもとにして『**夜と霧**』を著した人物（人間の尊厳とは何かを探究した）。

問5 解答

①H　②C　③A　④G　⑤F　⑥B　⑦D　⑧E

▶ 葛藤（コンフリクト）の型

　個人の中に同程度の強さの二つまたはそれ以上の欲求などが対立、拮抗している状態を**葛藤（コンフリクト）**という。この葛藤には、次のような型がある。

（1）　**接近・接近型**（二つの望ましいもののうち一つしか選べない）

　【例】飲食店で注文する際に、好物のラーメンとカレーとで迷った。

（2）　**回避・回避型**（望ましくない二つのもののどちらかを選ばねばならない）

　【例】数学と社会は興味もないし苦手なので勉強したくない。しかし、二つの科目の成績が悪くなって、落第・留年するのも嫌だと感じている。

（3）　**接近・回避型**（望ましいものに同時に望ましくない面が伴っている）

　【例】高校時代の同窓会に参加して友人と再会したいと思うが、嫌いだった人に会うことには抵抗感がある。

▶ ヤマアラシのジレンマ

　ヤマアラシのジレンマとは、友人関係などにおいて、相手に接近したい気持ちと、お互いが傷つくことへの恐れとが葛藤を起こし、適切な心理的距離を見いだしにくい状況をいう。寒い日にヤマアラシの群れが体を寄せ合い温め合おうとする際に、体が近づくと針が刺さってお互いに傷つけてしまい、離れると体を温め合うことができない。試行錯誤の末にようやく適度な距離を見つけ出したという**ショーペンハウアー**の寓話に由来する。

　【例】Yさんと良好な友人関係を築きたいと思うのだが、自らの発言や態度でYさんを傷つけてしまっているのではないかと気になり、どこまで親しく接してよいか迷っている。

問題演習①

....

問1 次のア〜カには、人がその成長の中で経験する様々な状態が挙げられている。それらのうち、青年期に経験することの多いものの組合せとして最も適当なものを、下の①〜⑧のうちから一つ選べ。

ア　基本的信頼の感覚と不信の感覚との間で危機に直面すること
イ　自我同一性の感覚とその拡散の感覚との間で危機に直面すること
ウ　心理・社会的モラトリアム
エ　第一次性徴
オ　心理的離乳
カ　第一反抗期

① 　ア　ウ　オ
② 　ア　ウ　カ
③ 　ア　エ　オ
④ 　ア　エ　カ
⑤ 　イ　ウ　オ
⑥ 　イ　ウ　カ
⑦ 　イ　エ　オ
⑧ 　イ　エ　カ

問1 解答 ⑤

イ・ウ・オが適当。**エリクソン**は、人生の各段階において直面する心理・社会的危機や発達課題について考察し、次のようにまとめた。

	達成されるべき発達課題		失敗の状態
乳児期	**基本的信頼**	VS	**不信**
幼児期	自律性	VS	恥・疑惑
児童期	自発性	VS	罪悪感
学童期	勤勉性	VS	劣等感
青年期	アイデンティティの確立	VS	アイデンティティの拡散
成人初期	親密性	VS	孤立
成人期	世代性	VS	停滞性
老年期	アイデンティティの統合	VS	絶望

アの「基本的信頼の感覚と不信の感覚との間で危機に直面すること」は乳児期に、イの「自我同一性の感覚とその拡散の感覚との間で危機に直面すること」は青年期に、それぞれ経験することが多い。ウの「**心理・社会的モラトリアム**」はエリクソンのキーワード。オの「**心理的離乳**」は**ホリングワース**のキーワード。エの「**第一次性徴**」とカの「**第一反抗期**」については、次表を参照。

第一次性徴 生まれたときに見られる男女の性差	**第二次性徴** 青年期に入って見られる身体的変化（男性→声変わりなど／女性→乳房が大きくなるなど）
第一反抗期 2～3歳頃の幼児期の反抗期	**第二反抗期** 青年期に入って見られる反抗期

問題演習 ①

....

問2 次の会話文中の下線部の具体的な事例として最も適当なもの
を、下の①～④のうちから一つ選べ。

孫：今日、「倫理」の授業でマズローの欲求の階層について学んで、
　　下から生理的欲求、安全の欲求、所属と愛情の欲求、自尊の欲
　　求、自己実現の欲求がピラミッド状に描かれている図を見たよ。
祖母：でも、マズローの『人間性の心理学』には、そういう図は描
　　かれていないようね。マズローは、欲求があらわれる順序が
　　いつも固定されているわけではなくて、ある欲求が、それよ
　　り低次の欲求が満たされていないのに、あらわれることがあ
　　るとも言っているのよ。
祖父：例えば、「武士は食わねど、高楊枝」とかもそうかな。お腹
　　がすいているのに、見栄をはるということで。
祖母：もう少し詳しく言うとね、低次の欲求が強制的に抑圧された
　　場合や、低次の欲求を自発的に放棄した場合でも、高次の欲
　　求があらわれることがあると書いているのよ。
祖父：心理学の法則は、例外も多いから、気をつけないといけないね。

① 他者とかかわり親密な関係を築きたいという欲求が満たさ
　　れると、他者から認められたいという欲求が生じるようにな
　　る。
② 芸術家や発明家が、寝食の時間を惜しんで創作活動や開発
　　に没頭し、創造力を発揮しようとする。
③ 高校生の中には、勉強の成績よりも部活動での活躍で賞賛
　　されることを望む人がいる。
④ 周りの人たちから認められたいという気持ちが満たされる
　　と、そのことが自己実現への欲求の基礎となる。

（2018年度共通テスト「試行調査」）

問2 解答 ②

　寝食の時間を惜しむことは、低次の欲求である**生理的欲求**を抑圧、あるいは自発的に放棄することに相当する。そして、「寝食の時間を惜しんで創作活動や開発に没頭し、創造力を発揮すること」は、下線部の「低次の欲求が強制的に抑圧された場合や、低次の欲求を自発的に放棄した場合でも、高次の欲求があらわれる」事例と合致する。

　①「低次の欲求が強制的に抑圧された場合」や「低次の欲求を自発的に放棄した場合」に相当する記述がなく、下線部の事例と合致しない。なお、「他者とかかわり親密な関係を築きたいという欲求」は**所属と愛情の欲求**に相当し、「他者から認められたいという欲求」は**自尊の欲求（承認の欲求）**に相当する。③「勉強の成績よりも部活動での活躍で賞賛されることを望む」ことは、下線部の事例と合致しない。勉強の成績で他者から賞賛されること、あるいは部活動での活躍で他者から賞賛されることは、いずれも生理的欲求や**安全の欲求**といった低次の欲求に相当しない。④「低次の欲求が強制的に抑圧された場合」や「低次の欲求を自発的に放棄した場合」に相当する記述がなく、下線部の事例と合致しない。

第 **2** 章

源流思想

問1 次の枠内の記号（A～H）を、下の番号（①～⑧）に合致させよ。

A．パルメニデス　　B．ピタゴラス　　C．アナクシメネス
D．ヘラクレイトス　E．デモクリトス　F．エンペドクレス
G．タレス　　　　　H．アナクシマンドロス

① 「水」を万物の根源（**アルケー**）と考え、水によって世界の成り立ちや諸現象を説明しようとした。

② 「**万物は流転する**」と述べ、その根源は「**火**」であると説いた（世界はたえず変化するものであるが、統一した秩序を保っていると考えた）。

③ 世界は、無限に広がる「空虚（ケノン、空間）」の中を運動する無数の「原子（アトム）」の集合と離散によって構成されていると説いた。

④ 宇宙の調和と秩序の根源は「**数**」であると説いた（世界全体が「数」に基づいて調和していると考えた）。

⑤ 「**在るものは在り、在らぬものは在らぬ**」と述べたことで知られる。「在るもの」が「在らぬ」ようになったり、また「在らぬもの」が「在る」ようになったりする生成消滅を考え、それらが愛・憎によって結合・分離すると説いた。

⑥ 「**土・空気・水・火**」（四元素）を万物の構成要素と考えた。

⑦ 万物の根源を「**無限なるもの**（ト・アペイロン）」と説いた。彼によれば、万物の根源は、水のような具体的な物質とは異なり、特定の性質をもたないもの、すなわち「無限なるもの」である。

⑧ 万物の根源を「**空気**（プネウマ、生物が呼吸する息）」であると考え、生命が活動する上では空気が不可欠であり、万物も空気の変化から生じると説いた。

問1 解答

①G ②D ③E ④B ⑤A ⑥F ⑦H ⑧C

重点的に復習 ソクラテス

- **魂への配慮**：ソクラテスによれば、人間の徳（アレテー）は魂がすぐれていることにある。人間をすぐれたものにする徳は、財産や地位などによって決まるものではなく、**魂への配慮**（真の知を求めて自分の魂をできるだけすぐれたものにすること）によって身につく。

- **ソクラテスが説く幸福**：ソクラテスによれば、徳とは何かを知り、徳を身につけることが「**よく生きる**」ことであり（知徳合一）、徳を知る者は必ずその知を行動に移し（知行合一）、幸福を得ることができる（福徳一致）。金銭、健康、名誉といった一般的によいといわれているものはそれ自体で幸福を生み出すのではなく、それらを多く獲得できたとしても「よく生きる」ことにはならない。人間は魂をできるだけすぐれたものにすることによって「よく生きる」ことができる。

- **無知の知**：ソクラテスは、当時の哲学者や政治家が真の知を理解していないのに、自らが知者であると思い込んでいる（自らは徳について知っていると語りながらも正しく行動できない人は、真の知を身につけていない）と批判するとともに、無知の自覚の重要さを説いた（**無知の知**）。

- **問答法（魂の助産術）**：ソクラテスは、問答（対話）の相手に知っていると思っていることを述べさせ、それについて問答を重ねながらしだいに相手が自らの考えの不十分さや誤りに気づき、自分で真の知を見いだすよう手助けしようとした。こうした真理探究の方法を**問答法**（魂の助産術）という。

- **ソクラテスの死**：ソクラテスは、無知を自覚させる活動によって一部の人々の反感を買い、「国家の認める神々を認めず、青年たちに害毒を流した」という理由で、裁判にかけられた。彼は無実を訴えたが、死刑を宣告された。友人たちの中には脱獄を勧める者もいたが、ソクラテスは、脱獄は国法に背き、不正を犯すことであるとしてこの勧めを拒み、刑を受け入れた。

問2 次の枠内の記号（A～E）を、下の番号（①～⑦）に合致させよ。ただし、同一の記号を複数回選ぶことも可とする。

A．ソクラテス　　B．プラトン　　C．アリストテレス
D．エピクロス**およびエピクロス派**　　E．ゼノン**およびストア派**

---

① 『形而上学』において、具体的個物は質料（ヒュレー）と形相（エイドス）とからなっており、質料に内在する形相が、質料に特定の形を与えて、現実の個物として生成し存在するようになると説いた。

② 対話篇『国家』を著し、人間の魂を**理性・気概・欲望**の三部分に分け、理性は**知恵**という徳を、気概と欲望は、理性の指導に従うことによってそれぞれ**勇気**と**節制**の徳をもつことになると説いた人物。彼によれば、三つの徳が調和したとき、**正義**の徳が実現される。

③ 神々を冒瀆し青年たちを堕落させたという理由から、裁判で死刑宣告を受け、毒杯をあおいで死を迎えたと伝えられる人物。評決の不当性から脱獄を勧める友人もいたが、脱獄は不正であるとして拒んだ。

④ 真の快楽を一時的・肉体的なものではなく永続的・精神的なものと考え、これを実現する魂の平静（アタラクシア）を賢者の思想とした。

⑤ 自然全体が**ロゴス**の支配する世界であり、自然に反した欲望・快楽などを克服して、自然と一致した魂の状態、すなわち不動心（アパテイア）を実現すべきと説いた。

⑥ 『ニコマコス倫理学』において、人間の徳には、真理を認識する知恵や実践的洞察を行う思慮といった**知性的徳**と、勇気や節制などの**習性的徳（倫理的徳）**とがあるとした。

⑦ 「死を恐れるな」と説いた（人間は原子の集まりにすぎず、死ねばチリのように離散してしまうのだから、死に煩わされる必要はないと説いた）。

問2 解答

①C ②B ③A ④D ⑤E ⑥C ⑦D

⟩ 重点的に復習 プラトンとアリストテレス①

【プラトン】

・**イデア論**：プラトンによれば、世界は、完全で理想的な永遠不変の真実在である**イデア**からなる**イデア界**と、イデアの模像にすぎない生成消滅する具体的個物からなる**現象界**との二つの世界からなると考えた（二元論的世界観）。

・**エロース**：プラトンによれば、人間の魂は肉体という牢獄に入り込む以前、イデア界の住人としてイデアと出会っていた。そのため、現象界にあっても、イデアの模造である個々の事物を見るとき、これを手がかりとしてイデアを**想起（アナムネーシス）**する。このイデア界への憧れをエロースという。

・**哲人政治**：プラトンによれば、正義が支配する理想国家は、イデアを認識して知恵を身につけた哲人が統治を行うことで実現する。

【アリストテレス】

・**イデア論批判**：アリストテレスは、プラトンのイデア論を批判した。アリストテレスによれば、現実に存在する具体的個物は、事物の本質である**形相（エイドス）**と素材である**質料（ヒュレー）**とが結びついて形づくられている。

・政治形態の考察（『政治学』）：アリストテレスは、支配者の数が少ない順に、すぐれた一人が統治する**王制**、少数のすぐれた人々が統治する**貴族制**、多数者が全体の利益の実現をめざす**共和制**を検討し、これらのうち共和制が最も現実的で安定した政治形態であると説いた（彼は、それぞれが僭主制・寡頭制・衆愚制という堕落した政治形態に陥る危険があるとも説いている）。

問3 次の枠内の記号（A～N）を、下の番号（①～⑭）に合致させよ。

A．パトス　B．カオス　C．ポリス　D．コスモス　E．エイロネイア

F．ロゴス　G．ドクサ　H．ノモス　I．アレテー　J．フュシス（ピュシス）

K．アルケー　L．ミュトス　M．スコレー　N．テオリア（テオーリア）

---

① 　**根源、始まり、原理**を意味する。

② 　**自然、自然の本性**を意味する。

③ 　**人為的なもの**（法律・制度・習慣など）を意味する。

④ 　**理性、理法、論理、命題、定義、言語**など様々な意味をあらわす
（本来は、人々の話す「言葉」の意）。

⑤ 　**秩序、調和、宇宙、世界**などを意味する（整然としている状態）。

⑥ 　**混沌**を意味する（秩序や調和のない状態）。

⑦ 　**神話**（語り伝えられたもの）を意味する。

⑧ 　古代ギリシアの**都市国家**のこと（アテネやスパルタなどがその例）。

⑨ 　**観想、観照**を意味する。見ること、眺めることの意で、事物の真理
を理性的に知ろうとすること（物事の本質を知的に見ること）。

⑩ 　**思い込み、臆見、独断的な見解**を意味する。

⑪ 　**皮肉**を意味する。問答（対話）を実践する際に、自分が無知である
かのようにふるまい、皮肉に満ちた問答を繰り返して相手に無知を
自覚させるという手法（問答法、**魂の助産術**）を多用した**ソクラテ
ス**のキーワード。

⑫ 　**情念**を意味する（欲情、怒り、恐怖、憎悪、喜び、悲しみなど、快
楽または苦痛を伴う感情・激情）。

⑬ 　**徳、優秀性、卓越性**を意味する（魂にそなわるすぐれた性質）。

⑭ 　**閑暇（ひま）**。古代ギリシアのポリスの市民は奴隷に労働・家事な
どを任せ、その分自由でひまな時間をもつ傾向にあった。

問3 解答

①K　②J　③H　④F　⑤D　⑥B　⑦L　⑧C　⑨N　⑩G
⑪E　⑫A　⑬I　⑭M

> **重点的に復習** プラトンとアリストテレス②

【プラトン】

・プラトンによれば、人間の魂はその働きに応じて理性・気概・欲望という三つの部分に分けられる。これらが、理性の指導のもとにそれぞれ役割を果たすことで知恵・勇気・節制という徳を実現し、魂全体が調和のとれた状態になるとき、正義の徳が実現される。

魂の三部分	四元徳	ポリスの三階級
[頭]理性 ── 統御	知恵 ── 統御	哲人(統治者) 統御
[胸]気概 ←	勇気 ←	武人(防衛者) ←
[腹]欲望	節制	庶民(生産者)
	─→ 正義	─→ 理想の国家

【アリストテレス】

・アリストテレスは、人間の魂を理性的な領域と感情・欲望の領域とに二分し、それに応じて、徳を次の二つ（知性的徳、習性的徳）に分類した。

知性的徳	習性的徳 (倫理的徳)
教育を通じて理性が十分に働くようになった状態	よい行為を反復して習慣づけることによって、感情や欲望が理性の指示に従う(過不足を避けて中庸を選択する)、よい習性ができあがった状態
真理を認識する**知恵** 実践的洞察を行う**思慮**	**勇気・節制・正義・友愛**

問4 次の枠内の記号（A～H）を、下の番号（①～⑧）に合致させよ。

A．**キケロ**	B．**ホメロス**	C．**ヘシオドス**
D．プロティノス	E．**ゴルギアス**	F．プロタゴラス
G．**エピクテトス**	H．マルクス・アウレリウス	

① 古代ギリシアの叙事詩人。ギリシア神話の大成者で『イリアス』『オデュッセイア』の作者と伝えられている。

② 古代ギリシアの叙事詩人。その作品として、ギリシアの神々の系譜をまとめた『神統記』や、農民としての苦労の経験をもとに、労働の尊さなどを取り上げた『仕事と日々』などがある。

③ **ソフィスト**の一人。「**人間は万物の尺度である**」と説き、人間こそが真理の基準であるという人間中心主義の立場をとった。なお、真理の絶対性・普遍性を否定する立場は**相対主義**と呼ばれる。

④ **ソフィスト**の一人。「何もない。あるにしても認識されない。認識されても伝えられない」と説いた不可知論者。

⑤ 古代ローマ時代の**ストア派**の哲学者。『老年について』『友情について』などの著作で知られる。

⑥ 古代ローマ時代の**ストア派**の哲学者。ローマで奴隷として暮らしていたが、解放された後、哲学教師となった。『語録』は弟子たちが筆録したものであり、『提要』はそれらを要約したもの。

⑦ **ストア派**の思想に学び、『自省録』の著者として知られる古代ローマ皇帝。人間の理性と宇宙の自然との調和を試みる。

⑧ 古代ローマ時代の**新プラトン主義**の思想家。神秘主義的傾向の強い新プラトン主義の哲学では、万物が流出する「**一者**」はすべての善の原因であり、これと一致して生きようとすることが真の幸福であると説かれる。

問4 解答

①B　②C　③F　④E　⑤A　⑥G　⑦H　⑧D

> **しっかりと区別** エピクロス派とストア派

> エピクロスを祖とするエピクロス派…**快楽主義・「隠れて生きよ」**
> 　　　　　　　　　　　　　　　　　　**アタラクシア**（心の平静）を追求
> ゼノンを祖とするストア派…………**禁欲主義・「自然に従って生きよ」**
> 　　　　　　　　　　　　　　　　　　**アパテイア**（不動心）を追求

【エピクロス…エピクロス派の祖】

・**快楽主義**：ここにいう快楽とは、精神の永続的な快楽（肉体の苦痛がなく心の苦悩もない状態）をいう。エピクロスによれば、人間の幸福は不安や恐怖に煩わされることのない境地、すなわち**アタラクシア**（心の平静）にある。

・**「隠れて生きよ」**：エピクロスの言葉。心を乱す原因となる政治などの公共生活から身を引いて、質素な共同生活を送り、アタラクシアを求めて暮らせという意味の標語である。

・**唯物論的な思想**：エピクロス派、デモクリトスと同様、**原子論**の立場に立ち、身体が滅びれば魂も飛散するとして「死を恐れるな」と説いた。

【ゼノン…ストア派の祖】

・**禁欲主義**：ストイック（禁欲的）な立場。自らに宿るロゴス（理性）によってパトス（情念）を制御し、心を乱されることのない境地、すなわちアパテイア（不動心）が追求される。

・**「自然に従って生きよ」**：ゼノンは、人間は自然を支配するロゴス（理性）を分有しており、このロゴス（理性）に従って生きることを理想とした。これにより、ポリス（都市国家）に縛られない**コスモポリテース**（**世界市民**）としての生き方ができると説いた。

問5 次の枠内の記号（A～I）を、下の番号（①～⑨）に合致させよ。

A. パウロ　B. モーセ　C. アダム　D. ペテロ　E. イザヤ　F. マリア
G. アウグスティヌス　H. アブラハム　I. トマス・アクィナス

---

① 古代のイスラエル民族の指導者。イスラエル人を故郷パレスチナ（カナン）へと導き、シナイ山でヤハウェ（神）から**十戒**を授かったとされる。

② 『旧約聖書』の「創世記」に登場する、神が創造した最初の人間。神の意志に背いて知恵の実を食べたために楽園（エデンの園）を追放された。

③ 『旧約聖書』の「創世記」に登場する人物。ユダヤ教の教義ではイスラエル民族の父とされる人物。なお、イスラム教の教義では、ユダヤ人に加えてすべてのアラブ人の系譜上の祖とされる人物。

④ エレミア、エゼキエル、ダニエルとともにユダ王国（古代イスラエル人の王国）の四大預言者に数えられる人物。救世主の出現などを説いた。

⑤ イエスの母（聖母）。『新約聖書』によれば、ヨゼフと婚約中、聖霊により処女の身で懐胎し、イエスをうんだとされる。

⑥ イエスの直弟子である十二使徒の筆頭で、初代ローマ教皇とされる人物。イエスの復活の証人となって伝道に努めた。

⑦ ユダヤ教からの**回心**を遂げ、イエスの教えをユダヤ人以外の異邦人に伝道することに尽力した人物。神に正しい（義）とされるのは、律法によってではなく**信仰**によってである、と説いた（**信仰義認論**）。

⑧ 古代キリスト教会における「**最大の教父**」。人間は、自ら善をなす自由を欠いており、神の**恩寵**（神の恵み）によらなければ、善を志すこともできず、救われることもないと説く。著作に『告白』『神の国』がある。

⑨ 信仰の優位を前提として**信仰と理性の調和**を図ろうとしたことで知られる**スコラ哲学**の大成者。著作に『神学大全』がある。

問5 解答

①B ②C ③H ④E ⑤F ⑥D ⑦A ⑧G ⑨I

▶アウグスティヌス…「最大の教父」とも称される人物

・**教父哲学**:「最大の教父」(布教と教義の確立に指導的役割を果たした人)と呼ばれたアウグスティヌスは、**プラトン哲学**を用いてキリスト教の教義を理論づけた。具体的には、**キリスト教の三元徳**(信仰・希望・愛)を、ギリシアの四元徳(知恵・勇気・節制・正義)の上位に位置づけた。

・アウグスティヌスによれば、生まれながらに罪(原罪)を負っている人間は自ら善をなす自由を欠いている。原罪を負った人間がもつ自由意志は、悪をなしてしまうものにすぎず、悪へと向かわせる意志である。

・**「人間は神の恩寵によってのみ救済される」**:人間は、神の恵み(恩寵)によらなければ、善を志すこともできず、救われることもない。

・教会の権威づけ:アウグスティヌスによれば、教会は**神の国の代理人**であり、恩寵は教会を媒介にしてのみ与えられる。

▶トマス・アクィナス…スコラ哲学を大成させた神学者

・**スコラ哲学**:トマスは、**アリストテレス哲学**を用いてキリスト教神学の理論を体系化し、スコラ哲学を大成させた。なお、トマスによれば、哲学は神学に仕えるべきもの(神学は万学の頂点にある:**「哲学は神学の侍女(婢)」**)。

・**信仰と理性の調和**:トマスは、理性に対する信仰の優位を前提として、両者の調和・統一を主張。自然を認識する能力(理性)も神の恩寵によると説いた(**「恩寵は自然を破壊せず、かえって自然を完成させる」**)。

・トマスは、万物は神の定めた階層的な上下関係で秩序づけられており、これに従うことが道徳であると考えた。そして、神・人間・自然を調和的に見る立場から、**自然法**は神の永遠法を人間が理性によって捉えたものであり、人間社会の根本的な規範であると説いた。

11 イスラーム教

問6 次の枠内の記号（A～H）を、下の番号（①～⑧）に合致させよ。

> A．メッカ　B．啓典の民　C．ジハード　D．カリフ
> E．ウンマ　F．シャリーア　G．ムスリム　H．ヒジュラ

① ムハンマド（イスラーム教における**最大にして最後の預言者**）の生誕の地で、イスラーム教の聖地。イスラーム教の聖域・**カーバ神殿**がある。

② **イスラーム教徒**のこと。アッラー（神）の教えに帰依する者の意。

③ **イスラーム法**。『**クルアーン（コーラン）**』と**ムハンマドの言行（スンナ）**に基づく具体的な規律のことで、宗教的儀礼から刑罰・結婚・相続など日常生活全般を含めたイスラーム教徒が守るべき掟が体系化されている。

④ イスラーム教では、ユダヤ教徒やキリスト教徒をこのように呼ぶ。イスラーム教では、ユダヤ教とキリスト教の聖書も**啓典**（聖典）に位置づけられる。ただし、それらは神の啓示の一部を含むにすぎず、『**クルアーン**』に最も完全な教えが記されているとされる。

⑤ **イスラーム共同体**。宗教と政治が一体（政教一致）となった共同体。

⑥ 「神のための奮闘努力」を意味する語句。イスラーム教徒に義務づけられているもので、異教徒との戦いだけではなく、個人の内面における努力も含まれると考えられている。

⑦ **聖遷**。622年に**ムハンマド**がメッカからメディナに移住したこと（伝統的な多神教を信じて偶像崇拝を行うメッカの市民による迫害から逃れるための移住）。この年がイスラーム歴の元年となった。

⑧ **ムハンマドの後継者**を意味する。その正統性をめぐる争いから、イスラーム教は、多数派であるスンナ派（スンニー派）と少数派であるシーア派に分かれた。なお、イスラーム教では、キリスト教などに見られる聖職者は存在しない（一般信徒と厳密に区別される特権的な聖職者は存在しない）。

問6 解答

①A　②G　③F　④B　⑤E　⑥C　⑦H　⑧D

▶六信五行やイスラーム教の具体的な規律の例

六信	**アッラー（神）**…唯一神アッラーを信じること。なお、ユダヤ教やキリスト教の神もアッラーと同一とみなされる。 **天使**…天使を信じること。 **啓典（聖典）**…啓典を信じること。 **預言者**…預言者（最大にして最後の預言者であるムハンマドのみならず、モーセやイエスらも預言者とみなされる）を信じること。 **来世**…最後の審判の日と死後の世界（天国・地獄）を信じること。 **天命**…あらゆるものは、アッラーの意志によるものであると信じること。
五行	信仰告白…「アッラーをおいて神はなし。ムハンマドは神の使徒なり」と唱える。 礼拝…1日5回メッカに向かって定められた手順により行う。 断食…イスラーム暦9月（ラマダーン）の日中に一切の飲食を絶つ。 喜捨…イスラーム教の救貧税。貧しい者に対して資産に応じた施しを行う。 巡礼…一生に一度、メッカのモスクに巡礼する。

- 『クルアーン』によれば、アッラーは、商業活動によって利潤を得ることは認めているが、利息については厳しく禁じている（**利子の禁止**）。
- イスラーム教は、豚肉を食べることや酒を飲むことを禁じるなど、食生活に様々な制限を設けている。なお、イスラーム教の教義にかなった内容の食品は、**ハラール食品**と呼ばれる。
- アッラーはあらゆる事物を超越した唯一神であり、いかなるものによってもそれを表現することはできないとされ、偶像崇拝が禁止されている（**偶像崇拝の禁止**）。

問7 次の枠内の記号（A～F）を、下の番号（①～⑥）に合致させよ。

> A．梵我一如　　B．縁起の法　　C．八正道
> D．慈悲　　　　E．四諦　　　　F．涅槃寂静

① ブッダの最初の説法（**初転法輪**）において説かれたとされる、**中道**に徹し、悟りの妨げとなるゆがみを正す修行。

> 正見…正しい見解　　　　正命　…正しい生活
> 正思…正しい思考　　　　正精進…正しい努力
> 正語…正しい言葉　　　　正念　…正しい心の落ち着き
> 正業…正しい行為　　　　正定　…正しい瞑想

② ブッダの最初の説法において説かれたとされる四つの真理。

> 苦諦…人生は苦であるという真理
> 集諦…苦は様々な原因が集まったところに生じるという真理
> 滅諦…煩悩を滅すれば苦をなくすことができるという真理
> 道諦…正しい修行法は八正道であるという真理

③ ブッダが重んじた、生きとし生けるものすべてを思いやる心（一切衆生に楽を与えようとする慈しむ心［**与楽**］と一切衆生の苦しみを取り除こうとする憐れみの心［**抜苦**］）。

④ すべての物事には原因があるという真理（**法＝ダルマ**）。ブッダによれば、すべての存在は互いに依存しあっていて、それだけが切り離されて成立しているわけではない。

⑤ ブッダの教えをまとめた四法印の一つ。**煩悩**を消し去ることによって至ることのできる悟りの境地を意味する。

⑥ **ウパニシャッド哲学**で説かれた根本的な真理（宇宙の根本原理である**ブラフマン**と個々の人間のうちにある真実の自己である**アートマン**は本来一つであると説かれる）。

問7 解答

①C ②E ③D ④B ⑤F ⑥A

▶ **四法印**…仏教を特徴づける四つの教え

> **一切皆苦**…この世のすべてが苦しみのもととなるという教え
> **諸行無常**…あらゆるものは変化して止むことはないという教え
> **諸法無我**…あらゆるものは、常に相互依存の関係にあってそれ
> 自体で独立して存在するようなものではないという教え
> **涅槃寂静**…真理を正しく知ることによって、苦しみが消えた平安
> の境地（**涅槃、ニルヴァーナ**）に至ることができるという教え

▶ **四苦八苦**…**生・老・病・死**の**四苦**に、次の四つの苦しみを加えたもの

> **愛別離苦**…愛する者と別れ離れる苦しみ
> **怨憎会苦**…怨み憎む者と出会う苦しみ
> **求不得苦**…求めるものが得られない苦しみ
> **五蘊盛苦**…心身を構成する要素（五蘊）すべてが苦の源である

▶ **五蘊**…一切の存在を成り立たせる五つの要素（色・受・想・行・識）の総称

> **色**…物質的・肉体的要素 　　**行**…意志などの心理作用
> **受**…外界の事物を感受する作用 　**識**…認識作用
> **想**…外界の事物を表象する作用

▶ **五戒**…仏教徒が信者になるときに、在家の信者が守るべき五つの戒律

> **不殺生戒**…殺生をしてはならない
> **不偸盗戒**…盗んではならない
> **不邪淫戒**…性の秩序は守らなければならない
> **不妄語戒**…嘘をついてはならない
> **不飲酒戒**…酒を飲んではならない

問8 次の枠内の記号（A～K）を、下の番号（①～⑪）に合致させよ。

A．上座部　B．菩薩　　C．無記　D．ヴァルダマーナ（マハーヴィーラ）
E．無明　　F．大衆部　　G．中道　H．三毒　I．阿羅漢
J．ナーガールジュナ（竜樹）　K．アサンガ（無著）とヴァスバンドゥ（世親）

① 二つの極端、例えば快楽主義と苦行主義の両極端を離れること。
② 貪（むさぼること）、瞋（怒ること）、癡（愚かしさ）の三つの煩悩。
③ 煩悩にとらわれて、真理を悟ることのできない心の状態をさし、無知で真実が見えていないこと（真理に暗く、苦の原因となる）。
④ 世界は永遠であるのかないのか、絶対者は存在するのかしないのか、といった超越的な問いに答えようとしない、ブッダがとったとされる態度。
⑤ ブッダの死から約100年後に分裂した仏教教団の一派。⑥と比べ、戒律を厳格に守っていくべきだと説く点に特徴がある。
⑥ ブッダの死から約100年後に分裂した仏教教団の一派。⑤と比べ、戒律を柔軟に捉えるべきだと説く点に特徴がある。
⑦ 上座部仏教において理想とされる、出家者の中でも、修行を最高の段階にまで完成させた人（人々の尊敬を受けるにふさわしい人）のこと。
⑧ 大乗仏教において理想とされる、自らの悟りをめざす自利だけでなく、他者の救済である利他をもめざして修行を重ねる人のこと。
⑨ 大乗仏教の思想家。縁起の法を徹底させて、すべてのものは固定した不変の実体をもたない（無自性）と説き、「空」の思想を理論的にまとめた。
⑩ 大乗仏教の思想家。実在するのは心だけであり、その他の事物は心の働きにより生み出されたものにすぎないという「唯識」の思想を説いた。
⑪ ジャイナ教の開祖。不殺生を徹底し苦行と禁欲の実践を積み重ねることで解脱できると説いた。

問8 解答

①G　②H　③E　④C　⑤A　⑥F　⑦I　⑧B　⑨J　⑩K
⑪D

> **しっかりと区別** ナーガールジュナ（竜樹）とヴァスバンドゥ（世親）

> ナーガールジュナ（竜樹）…**縁起の法**を徹底させ、空の思想を深化。
> ヴァスバンドゥ（世親）……唯識の思想を体系化。

【ナーガールジュナ（竜樹）】

・**大乗仏教**の思想家であり、**縁起の法**を徹底させ、空の思想を深めた。空とは、あらゆる事物は、固定的な実体をもたない（**無自性**）とする思想をいう。

【ヴァスバンドゥ（世親）】

・**大乗仏教**の思想家であり、兄の**アサンガ（無著）**とともに、唯識の思想の体系化を図った。唯識の思想とは、あらゆる事物は、「識（阿頼耶識）」すなわち心の働きによりつくり出されたものであり、実在するものは心だけであるという考え方をいう。

> **大乗仏教**：出家・在家を問わず、生きとし生けるものすべてが仏となる可能性をもつ（一切衆生悉有仏性）ことが説かれ、自分だけではなく、他人をも救い、ともに悟りをめざそうとする立場の教え。自らの教えのあり方を、大衆を救うマハーヤーナ（大きな乗り物の意）と捉え、大乗仏教と称した。中央アジア・中国・朝鮮・日本などに伝播。

> **六波羅蜜**…大乗仏教の求道者が実践すべき六つの徳目

> **布施**…物や教えを与えること
> **持戒**…戒律を守ること
> **忍辱**…苦難に耐え忍ぶこと
> **精進**…たゆまず仏道を実践すること
> **禅定**…精神を統一させ心を安定させること
> **般若（智慧）**…真理を見極め、悟りを完成させる真実の智慧を得ること

問9 次の枠内の記号（A～F）を、下の番号（①～⑥）に合致させよ。

A．孟子　　　B．孔子　　　　C．荀子　　　　D．韓非子
E．朱子　　　F．王陽明

① 儒家の祖。人間としての正しい生き方（**道**）を探求し、その根本として「**仁**」（人を愛する心であり、内面的・精神的な道徳）と「**礼**」（仁が外面の行為として客観的な形式をとったもの）を重視した。『論語』はこの人物の言行録として知られる。

② 儒家の思想家。**性善説**をもとに、人間に生まれながらにそなわる四端の心を養い育てることで四徳が実現されると説いた。また、仁義に基づく民衆本位の政治（**王道**）を理想としたことで知られる。この人物によれば、武力や策略による政治（**覇道**）は、天命によって改められる（**易姓革命**）。

四端と四徳
惻隠の心（他人の不幸を見すごせない心）　→仁の徳の端緒
羞悪の心（自分や他人の不正を恥じ憎む心）　→義の徳の端緒
辞譲の心（他人に譲りへりくだる心）　→礼の徳の端緒
是非の心（物事の是非善悪を判断する心）　→智の徳の端緒
---

③ 儒家の思想家。人間は生まれながらに利己的であるとする**性悪説**を展開した。また、この人物は「**礼**」による統治を重視する**礼治主義**を唱えたことでも知られる。

④ 儒学者。世界の構造や現象を「**理**」と「**気**」という二つの原理によって説明する**理気二元論**を唱えた。

⑤ 儒学者。万人に先天的にそなわっている**良知**（善悪の判断力）を発揮させること（**致良知**）を重視した。

⑥ 法家の思想家。**法治主義**を唱え、君主は情実に左右されず賞罰を厳正に行い、法に基づいて人々を治めるべきだと説いた。

問9 解答

①B　②A　③C　④E　⑤F　⑥D

朱子(朱熹)…朱子学の創始者

- **理気二元論**：宇宙の万物は「**理**」と「**気**」からなる。「理」は万物を生み出す根源的秩序で非物質的なものであり、「気」は事物を構成する物質的なものである。朱子によれば、「理」は善の源でもあり、「気」は人間の欲望の源となるものである。
- **性即理**：朱子によれば、人間の心は、「理」に相当する部分（性）と、「気」に相当する部分（情）とに区分される。そして、人間の心の奥底には純粋な「理」が本性として内在する（＝性即理：人間の本性は善であるとする**性善説**の立場）。ただし、「気」によって情欲が生まれることで、善の発現が妨げられてしまう。
- **居敬窮理**：朱子によれば、善を維持するためには、「気」をぬぐい去ることが必要となる。そのためには、身を慎むとともに情欲を抑制し（**居敬**）、事物の本質である「理」を知ること（**窮理**）が重要である。

王陽明(王守仁)…陽明学の創始者

- **朱子学批判と心即理**：王陽明は、人間の心を、「理」に相当する部分（性）と、「気」に相当する部分（情）とに区分する朱子学の説を批判した。そして、人間の心のあり方それ自体が、すなわち「理」である（＝心即理：情を含む人間の心そのものが「理」である）と説いた。
- **致良知**：陽明学では、人間に生まれながらにそなわっている道徳的な善悪の判断力（**良知**）を発揮し、実現すること（**致良知**）が重視される。
- **知行合一**：王陽明は、「知は行のはじめであり、行は知の完成である」という知行合一の立場（知と行動とを一体化させる考え方）から主知主義的な朱子学を批判した。

問10 次の枠内の記号（A～F）を、下の番号（①～⑥）に合致させよ。

A．老子　　　　B．荘子　　　　C．墨子　　　　D．鄒衍（すうえん）
E．孫子　　　　F．恵施（けいし）

---

① 道家（どうか）の祖。儒家の説く人倫の「道」を否定し、宇宙生成の根源としての「**道**（タオ）」を説いた。また、無為自然（むいしぜん）な生き方を可能にする、自給自足の小社会のあり方が望ましいと説いたことでも知られる（**小国寡民**（かみん））。

② 道家の思想家。善悪・美醜などの相対的区別は人為的なものにすぎず、万物は本来等しいものであり区別はないと説いた（**万物斉同**（ばんぶつせいどう））。また、自然の道と一体となる境地に達した人間を真人（しんじん）（至人（しじん））と呼んで理想とした。

③ 墨家（ぼっか）の思想家。孔子の説く仁を近親者重視の差別的な愛（**別愛**）であると批判し、無差別・平等な愛（兼愛（けんあい））によって互いの利を図ること（兼愛交利（こうり））の重要性を説いた。また、**非攻**（ひこう）（戦争を否定する考え方）や**節用**（せつよう）（倹約、とりわけ為政者のぜいたくを批判）を主張したことでも知られる。

④ 兵家（へいか）の思想家。戦わずして勝つことが最上であると説き、実際の戦争においても詭道（きどう）（敵をだまし、欺くこと）が不可欠であると主張した。

⑤ 陰陽家（いんよう）の思想家。自然現象を、対立しつつ補完し合う陰陽と、すべての物質を構成する五行という概念によって説明し、さらに循環する五行の順序に従って王朝が変わるという説を唱えた。

⑥ 名家（めいか）の思想家。名称とそれが示す具体的な事柄とを一致させて、社会秩序を強固にすることを説いた。

問10 解答

①A　②B　③C　④E　⑤D　⑥F

> **重点的に復習** 儒家の思想を批判的に捉えた思想家

【老子】

　道家の祖とされる老子は、「**大道廃れて仁義あり。智恵出でて大偽あり**」と述べ、儒家の説く仁義や知恵を批判した。彼は、いまの時代は無為自然の本来の道が廃れたために、逆に仁義の道徳が説かれ、知恵を働かせたために偽りが生じているとし、儒家の説く道徳には、人間性についての一種の欺瞞があると考えた。そして、老子は、こざかしい知恵を捨てて、ありのままの自然に自身のあり方を委ねること、すなわち無為自然を重視した。

【韓非子】

　法家の思想で知られる韓非子は、道徳によって人間を善へと教化するのは幻想にすぎず、為政者の徳によって民衆を治めるべきだとする儒家の説（**徳治主義**）を否定的に捉えた。そして、社会の秩序を守り国家をうまく治めるためには、君主が信賞必罰を旨とする法律と刑罰によって人々を操っていく必要があると説いた（**法治主義**）。

【墨子】

　墨家の祖とされる墨子は、孔子の説く**仁**を近親者重視の差別的な愛（**別愛**）であると批判し、人々が血縁や身分などの違いを超えて互いに愛し合うこと（**兼愛**）がいかに大切であるかを説いた。

仁：近親者の間で自然に成立する愛情を意味し、儒家の思想において重視される徳。孔子は仁を様々な面から捉え、その中核をなす精神として**忠恕**の重要性を説いた（**忠**とは自分を偽らない誠実さをいい、**恕**とは自分のごとく他人を思いやる心をいう）。また、仁の根本には**孝悌**があるとも説いている（**孝**は子が父母に、**悌**は若者が年長者によく仕えて従順であること）。

---

① 「**万物は流転する**」：**ヘラクレイトス**の言葉。彼は、絶え間ない変化こそが世界の真の姿であると考えた。そして、万物の変化の根底には、様々なものの対立・抗争と、その中に調和をもたらす摂理（ロゴス）があるとし、「火」こそがその象徴であるとした。

② 「**人間は万物の尺度である**」：**プロタゴラス**の言葉。この言葉は、真理は人によって異なる相対的なものにすぎず、誰にでも当てはまる絶対的・普遍的真理は存在しないという彼の考え（相対主義）をあらわしている。

③ 「**汝自身を知れ**」：デルフォイのアポロン神殿に掲げられていた格言。**ソクラテス**がこの言葉を「自分の無知を自覚せよ」という意味に解釈し、自らのモットーとしたことで知られる。

④ 「**大切にしなければならないのは、ただ生きるということではなくて、よく生きるということなのだ**」：『**クリトン**』（プラトンの著作）の中で**ソクラテス**が語った言葉。ソクラテスは、人間にとって大切なことは、単に健康や名誉を手に入れることではなく、魂をすぐれたものにするという「魂への配慮」であると説いた。

⑤ 「**人間はポリス的動物である**」：**アリストテレス**が『**政治学**』の中で示した人間の定義。人間は国家、社会を離れて生きることはできず、本性的に共同体を形成し、その中で同胞とともに生きる動物である、という意味をもつ。

⑥ 「**隠れて生きよ**」：**エピクロス**を祖とするエピクロス派の生活信条。心を乱す原因となる政治などの公共生活から身を引いて、質素な共同生活を送り、魂の平静（アタラクシア）を求めて暮らせという意味の標語である。

⑦ 「**自然に従って生きよ**」：**ゼノン**を祖とするストア派が幸福な生活を送るためのモットーとして掲げた言葉。ストア派は、理性によって情念が制御され、情念に動かされなくなったアパテイア（不動心）の境地に至ることが自然に従った生き方であり、理想の生き方であると考えた。

💡 重要原典／**源流思想②**

①『**旧約聖書**』「出エジプト記」に記された**モーセの十戒**

---
1. 私以外のどんなものも神とするな。
2. 像を造って、ひれ伏してはならない。
3. 神の名をみだりに唱えてはならない。
4. 安息日を心に留め、これを聖とせよ。
5. 父母を敬え。
6. 殺してはならない。
7. 姦淫してはならない。
8. 盗んではならない。
9. 隣人に関して偽証してはならない。
10. 隣人の家をむさぼってはならない。
---

②『**新約聖書**』に記された**イエスの言葉**

「**私が律法や預言者を廃するために来たと思ってはならない。廃するためではなく、成就するために来たのである**」
イエスは律法の形式的な遵守にこだわる律法主義を批判したが、イエスは律法を否定したのではなかった。彼は、律法を文字通りではなく、その真意を活かそうとした。

- - -
「**安息日は人のためにあるもので、人が安息日のためにあるのではない**」
律法は安息日に働くことを禁じていたが、イエスは外面的に律法を守る律法主義ではなく、律法を内面化することの必要性を説いた。

- - -
「**天の父は、悪い者の上にも善い者の上にも、太陽を昇らせ、正しい者にも正しくない者にも、雨を降らせてくださる**」
神の愛（アガペー）について説くイエスの言葉の一つ。

『新約聖書』に記されたイエスの言葉

「心をつくし、精神をつくし、思いをつくし、力をつくして、主なるあなたの神を愛せよ」「自分を愛するように、あなたの隣り人を愛せよ」
イエスが示した人間が守るべき二つの戒め（一つ目は神への愛を説くものであり、二つ目は隣人愛の教え）。

「敵を愛し、迫害する者のために祈りなさい」「あなたがたも聞いている通り、『目には目を、歯には歯を』と命じられている。しかし、私は言っておく。悪人に手向かってはならない。だれかがあなたの右の頬を打つなら、左の頬をも向けなさい」
隣人愛を説くイエスの教えの一つ。

「人に対して怒る者は、人を殺すことと同じ罪を犯したのであり、欲情をもって異性を見る者は、姦淫の罪を犯したのである」
心の次元では、人間は誰でも生まれながらに罪人である、ということを説いたもの。イエスは、外面の行為だけでなく、人間の心の内面を見つめることの重要性を説いた。

「あなたがたの中で罪を犯したことのない者が、まず、この女に石を投げつけなさい」
姦淫の罪で捕らえられた女を連れてきた律法学者が、イエスに、こういう罪深い女は石で打ち殺せと律法は定めているがどうか、と尋ねた際に、イエスが答えた言葉。イエスは、罪を罰することではなく、赦しの必要性を説き、律法に背いてしまう自己の弱さや悪への傾向を自覚し、善を行おうとする心をもつことこそが肝要であるということを教え、人々に改めて律法の精神に立ち返るよう求めた。

💡 重要原典／**源流思想④**

① **『新約聖書』に記されたイエスの言葉**

> **「心の貧しい人々は、幸いである。天の国はその人たちのものである」**
> いわゆる「山上の垂訓」と呼ばれる説教。心の貧しい人とは、律法を守れない自分の無力さを悟った、より神にすがるような人々のこと。イエスは、そうした人々こそ、離反した神と再び和解できると説いた。
>
> -
>
> **「時は満ち、神の国は近づいた。悔い改めて福音を信じなさい」**
> イエスは、福音（喜ばしい知らせ）すなわち神の救いや恵みが、すでに人々の身近にあると説いた。
>
> -
>
> **「何ごとでも、人々からしてもらいたいと望むことは、人々にもその通りにしなさい。これこそが律法である」**
> 隣人愛の精神を示す言葉で、キリスト教における黄金律として知られている。

② **「人が義とされるのは律法の行いによるのではなく、信仰による」** **「私は自分の望む善は行わず、望まない悪を行っている」**：『新約聖書』に記された**パウロ**の言葉。パウロは、イエスの復活に示された神の愛を信じ、神の恵みを受け入れ、信仰と希望と愛（キリスト教の三元徳）による救いの道を説いた。

③ **「哲学は神学の侍女（婢）」「恩寵は自然を破壊せず、かえって自然を完成させる」**：**トマス・アクィナス**が『神学大全』の中で示した言葉。彼は、神の恩寵に基づく信仰や神学と自然を探究する哲学とは矛盾するものではなく、哲学は神学を補完するものだと主張した。彼によれば、神の「恩寵の光」によって示される信仰の真理と、理性の「自然の光」によって示される哲学的な真理は異なるものであるが、お互いに対立したり矛盾したりするものではなく、信仰の優位の下に調和するものである。

① 「**己に克ちて礼に復るを仁となす（克己復礼）**」：孔子の言葉。自己に打ち克って礼という規範に立ち返ることが仁ということであるという意味。孔子は、行為がたとえ社会規範（礼）にかなったものであっても、それが内面の仁に支えられたものでなければ、それを道徳にかなった行為とは考えなかった。

② 「**故きを温めて新しきを知る、以て師となすべし（温故知新）**」：孔子の言葉。古典といわれるような過去の学説や思想、伝統や歴史などをいま一度よく学び直せば、そこから現在に活用しうる新しい知恵を発見できるという意味。

③ 「**学びて思わざれば則ち罔し**」：孔子の言葉。いくら学んでも、自らじっくり考えてみなければ、本当の理解にはつながらないという意味。

④ 「**朝に道を聞かば、夕に死すとも可なり**」：孔子の言葉。朝、正しい道を聞いてその道の真意を理解できたなら、たとえその日の夕方に死んでも構わないという意味。

⑤ 「**怪力乱神を語らず**」：（孔子は）怪異と暴力と背徳と神秘については、語らなかったという意味。この言葉は、現実を超えた神秘については語らなかった孔子の合理的態度を示したものとして知られる。

⑥ 「**いまだ生を知らず、いずくんぞ死を知らん**」：孔子の合理的態度を示している言葉。まだ現実に生きている人生のあり方さえわからないのに、死後のことをわかるはずがないという意味。

⑦ 「**今、人乍に孺子の将に井に入らんとするを見れば、皆怵惕惻隠の心あり**」：孟子の言葉。子どもが井戸に落ちようとした瞬間に、人は皆、利害をこえて助けようとする同情心（惻隠の心）をもつという意味。孟子は、人には生まれながらにして仁・義・礼・智の四徳の萌芽がそなわっていると説き、中でも、人が生まれながらにしてもつ惻隠の心（他人の不幸を見過ごせない、憐みの心）は仁の徳の発端となると考えた。

① 「**人の性は悪にして、その善なる者は偽なり**」：荀子の言葉。人間の本性は悪であり、善さは後天的な作為によってつくられたものであるという意味。荀子は、人間の本性は悪であるとする性悪説の立場から、客観的な外的規範である礼によって欲望や利己心を矯正すべきだと主張した（礼治主義）。

② 「**礼儀なければ則ち乱れ、礼儀を知らざれば則ち悖る**」：荀子の言葉。礼儀に欠けると争いが生まれ、礼儀を知らなければ道理に背くことになるという意味。

③ 「**大道廃れて仁義あり。智恵出でて大偽あり**」：老子の言葉。本来の道は万物をありのままに生み育てる無為自然の道であるが、大いなる道が廃れたために、仁義の道徳を説く儒教があらわれ、仁義の道徳が偽善を生んでいるという意味。彼は、儒家の勧める仁義の道徳や知恵を批判した。

④ 「**上善は水の若し。水は善く万物を利して而も争わず。衆人の悪む所に処る。故に道に幾し**」：老子の言葉。最上の善は水のようなもので、それは万物に恵みを施しながら争わず、目立たない低いところにいて満足するあり方であるという意味。老子によれば、理想の生き方とは、作為も弄せず天地自然の道に従い（無為自然）、あたかも水のようにしなやかで驕らずに生きることである（柔弱謙下）。

⑤ 「**学を絶たば憂い無からん**」：老子の言葉。学ぶことを捨てれば思い煩うことはないであろうという意味。「学ぶ」こと、つまり儒家の勧める知恵を否定的に捉えた言葉である。

⑥ 「**古の真人は、生を説ぶことを知らず、死を悪むことを知らず**」：荘子の言葉。真人（至人）は、生・死の分別の世界をこえて生きる境地にあるという意味。荘子は、あるがままの自然の世界には一切の対立や差別がなく（万物斉同）、そこでは自然の働きに身をまかせて自由に生きることができると説いた。

① 『パイドン』：プラトンの著作。ソクラテスが牢獄で毒杯を仰いで刑死する直前、獄中に集まった友人たちとの最後の対話をかわす様子を描いている（パイドンはソクラテスの弟子）。

② 『クリトン』：プラトンの著作。獄中のソクラテスを親友のクリトンが訪ねて、逃亡を勧める場面を描いている。ソクラテスは、国法やポリスの命令に従うことが正義であるとして、クリトンの申し出を断る。

③ 『国家』：プラトンの著作。理想国家のあり方、善のイデア、哲人政治などについて説かれている。

④ 『饗宴』：プラトンの著作。ソクラテスの友人アガトンの悲劇がコンクールに優勝したことを祝う宴で、友人が順番に恋の神エロースを賛美する話。

⑤ 『ソクラテスの弁明』：プラトンの著作。「国家の神々を認めず、青少年を惑わせた」という理由で訴えられたソクラテスが、裁判において陪審員の市民に向かって自分の信念を述べる様子を描いたもの。

⑥ 『ニコマコス倫理学』：アリストテレスの著作。ポリスの市民としての生き方を論じたもの。知性的徳と倫理的徳（習性的徳）を分類し、徳をそなえた人間の本来の生き方について説いた倫理書である。

⑦ 『形而上学』：アリストテレスの著作。存在するものとは何かを探究したもので、形相（エイドス）と質料（ヒュレー）について説かれている。「形而上」とは形のあるものをこえたものという意味をもつ。

⑧ 『政治学』：アリストテレスの著作。ポリスに関する諸問題やポリスにふさわしい政治制度について論じたもの。

⑨ 『イリアス』『オデュッセイア』：ホメロスの作と伝えられる叙事詩。

⑩ 『神統記』『仕事と日々』：ヘシオドスの作と伝えられる叙事詩。

⑪ 『自省録』：マルクス・アウレリウスの著作。ストア哲学を学んだローマ皇帝が、自身の哲学的な思索を書きつづったもの。

① 『告白』：アウグスティヌスの著作。自身が回心に至る（神への信仰に目覚める）までの遍歴を告白したもの。

② 『神の国』：アウグスティヌスの著作。異教徒たちからの攻撃に反論して、キリスト教の真理を歴史哲学的立場から論じたもの。

③ 『神学大全』：トマス・アクィナスの著作。カトリック神学を体系づけ、スコラ哲学を集大成したもの。

⊘ **ユダヤ教の聖典**（キリスト教では『旧約聖書』と呼ぶ）
「**創世記**」（神による天地創造などが記されている）や「**出エジプト記**」（モーセに率いられたユダヤ人のエジプト脱出から授かった十戒などについて記されている）といった多くの書物からなり、神と契約を結んだユダヤ人（イスラエル人）の歴史などが書かれている。

⊘ **キリスト教の『聖書』**：『旧約聖書』と『新約聖書』からなる
「旧約」とは「旧い契約」の意で、神がモーセを介してユダヤ人と結んだ約束をさす。これに対して、「新約」とは、イエスをキリスト（救世主）と捉える「新しい契約」を意味する。なお、『新約聖書』には、イエスの言行などを伝えている「マタイ伝」「マルコ伝」「ルカ伝」「ヨハネ伝」の四つの**福音書**が収められている。

⊘ **イスラーム教の聖典**：『クルアーン（コーラン）』
イスラーム教では『旧約聖書』と『新約聖書』も聖典として認めるが、『クルアーン（コーラン）』こそが最も大切な聖典とされる。

⊘ **バラモン教で重視された聖典**：『ヴェーダ』
『ヴェーダ』とは「知識」の意。神々への讃歌などが記されていた。

⊘ **仏教経典**：『スッタニパータ』『ダンマパダ（**法句経**）』
仏教の経典のうち、最古のもの。

問題演習②

問1 次のノートは、生徒Xが「倫理」の教科書を参考にしながら、ユダヤ教、キリスト教、イスラーム教を特徴づける事項について整理したものの一部である。下のア〜クのうち、ノートの三つの宗教を共通に特徴づける事項の | X | に入る語句の組合せとして最も適当なものを、下の①〜⑧のうちから一つ選べ。

ユダヤ教を特徴づける事項	キリスト教を特徴づける事項	イスラーム教を特徴づける事項
・選民思想 ・律法(トーラー) ・嘆きの壁	・世界宗教 ・神の子 ・『新約聖書』	・世界宗教 ・六信五行 ・『クルアーン(コーラン)』

三つの宗教を共通に特徴づける事項
・全知全能の神
・| X |

| ア | 祈り | イ | 四書五経 | ウ | 預言者 | エ | 多神教 |
| オ | 神からの啓示 | カ | 出家 | キ | 徳治主義 | ク | 一神教 |

①　アエオ　　　　　②　イエオ
③　アウエオ　　　　④　イウエオ
⑤　イオキ　　　　　⑥　カキク
⑦　イウオク　　　　⑧　アウオク

（2018年度共通テスト「試行調査」改）

問1 解答 ⑧

ア・ウ・オ・クが、ノートの三つの宗教を共通に特徴づける事項の X に入る。イ・エ・カ・キは、 X に入らない。

イの「**四書五経**」は、中国における重要古典の名数的呼称。**四書**とは『論語』『孟子』『大学』『中庸』の四つのことであり、**五経**とは『詩経』『書経』『易経』『礼記』『春秋』の五つのことである。

エの「**多神教**」は X に入らない。ユダヤ教、キリスト教、イスラーム教の神は唯一であり（**一神教**）、全知全能の神である。

カの「**出家**」は仏教用語であり、家を出て仏門に入ること（俗世間を離れ、仏道修行に入ること）をさす。

キの「**徳治主義**」は、儒家の祖である孔子が唱えたことで知られる。孔子は、仁と礼を修めた**君子**が、その感化によって人々を治めること（**修己治人**）で、社会の秩序は安定するという**徳治主義**を説き、法と刑罰による統治（**法治主義**）をしりぞけた。

問題演習②

....

問2 生徒Yは、「欲望」をテーマに次のメモを作成した。 ア ～
ウ には、 a ～ f のいずれかの記述が入る。 ア ～ ウ に
入る記述の組合せとして最も適当なものを、下の①～⑧のうち
から一つ選べ。

・古代ギリシアの哲学者プラトンの考え…不正な行為が生ま
れる原因は、魂のうちの ア してしまうことにある。

・ブッダの教え… イ という真理を悟り、自己やその所有
物に対する欲望を捨て、平静な安らぎの境地に達するべ
きである。

・朱子（朱熹）の考え…人間が私欲に走る原因は、先天的に
そなわっている ウ 妨げられていることにある。

---

a 欲望的部分が、理性的部分と気概的部分を支配

b 理性的部分が、気概的部分と欲望的部分を支配

c この世のものはすべて変化してとどまることがない

d 永遠不滅の自我は何ものにも依存せずに存在している

e 気が、理の作用によって

f 理が、気の作用によって

	ア	イ	ウ			ア	イ	ウ
①	a	c	e		⑤	b	c	e
②	a	c	f		⑥	b	c	f
③	a	d	e		⑦	b	d	e
④	a	d	f		⑧	b	d	f

問2 解答 ②

　　ア　には「a　欲望的部分が、理性的部分と気概的部分を支配」が入る。**プラトン**は、人間の魂を**理性・気概・欲望**の三つの部分に分け、理性が気概と欲望を統御して魂全体が調和のとれた状態になるとき、**正義**の徳が実現されると考えた。これに対し、欲望が理性と気概を支配すると不正な行為が生まれると説いた。

　　イ　には「c　この世のものはすべて変化してとどまることがない」が入る。**ブッダ**は、人間の肉体や精神を含めて、この世のものはすべて変化してとどまることがなく（**諸行無常**）、それ自体で存在する不変の実体はない（**諸法無我**）と説き、「永遠不滅の自我」の存在を否定している。

　　ウ　には「f　理が、気の作用によって」が入る。**朱子**（朱熹）は、ありとあらゆるものは、それを支えている宇宙万物の原理（**理**）と、事物の物質的な要素（**気**）から構成されるという**理気二元論**を説いた。そして、人間の心の本体にも理が先天的にそなわっているが、その発現は気によって妨げられ、その結果、人間は私欲に走ってしまうとした。このような考えをもとに、朱子は、天理に従って物の理を窮めて己を律すること（**居敬窮理**）がいかに大切であるかを説いた。

問題演習②

....

問3 次のア〜ウはそれぞれ誰の思想についての記述か。その組合せとして正しいものを、下の①〜⑥のうちから一つ選べ。

ア　人の生は仮の宿のようなものであり、虚無から生まれ虚無へと帰るため、生の長短など、あらゆる相対的価値に囚われてはいけない。

イ　人は業によって輪廻を繰り返すのであるが、不殺生などの戒めを守って苦行を重ね、悪業をなさないようにすることで輪廻から解放される。

ウ　身体が滅びれば魂も飛散するため、生きている間は死に出会わず、死が来た時には私たちはもういないのだから、死を恐れる必要はない。

① 　ア：墨子　　イ：ナーガールジュナ　　ウ：エピクロス
② 　ア：荘子　　イ：ヴァルダマーナ　　ウ：エピクロス
③ 　ア：孟子　　イ：ナーガールジュナ　　ウ：エンペドクレス
④ 　ア：孟子　　イ：ヴァルダマーナ　　ウ：アリストテレス
⑤ 　ア：荘子　　イ：ナーガールジュナ　　ウ：アリストテレス
⑥ 　ア：墨子　　イ：ヴァルダマーナ　　ウ：エンペドクレス

（2011年度センター本試験）

[問3] 解答　②

　ア：荘子についての記述。荘子によれば、様々な差別や価値の対立は、人間の作為によってもたらされたものにすぎず、本来の**道**（タオ）の立場から見れば、万物の価値はみな斉しい（**万物斉同**）。そこから荘子は、一切の差別や価値の対立に囚われず、心を無にして道と一体となり（**心斎坐忘**）、ありのままの自然に自己を任せ、絶対自由の悠々とした境地（**逍遙遊**）を生きる**真人**を理想とした。なお、**墨子**は、人々が互いに利益を与え合う**兼愛交利**の実践を説いた墨家の思想家。**孟子**は、力によって人民を支配する**覇道**を批判し、徳に基づく**王道**による人民本位の政治を重んじた儒家の思想家。

　イ：ヴァルダマーナについての記述。ヴァルダマーナはバラモン教の権威を批判し、ジャイナ教を創始した人物。**ジャイナ教**は、徹底した苦行や不殺生を重んじる点に特徴がある。**ナーガールジュナ（竜樹）**は、ブッダの縁起説を深めて**空**の理論を唱えた大乗仏教の思想家。

　ウ：エピクロスについての記述。エピクロスは、デモクリトスの原子説を継承し、死を恐れることの愚かさを説いている。「身体が滅びれば魂も飛散するため、生きている間は死に出会わず、死が来た時には私たちはもういないのだから、死を恐れる必要はない」という記述は、そうしたエピクロスの考えを示したものである。なお、**エンペドクレス**は、万物の根源（**アルケー**）を**土・空気・水・火**という四つの構成要素によって説明した古代ギリシアの哲学者。**アリストテレス**は、図書館や博物館をそなえた学園**リュケイオン**を開いて多岐にわたる分野の研究を進めた古代ギリシアの哲学者。

第 **3** 章

西洋近現代思想

ルネサンス・宗教改革・モラリスト①

問1 次の枠内の記号（A～G）を、下の番号（①～⑦）に合致させよ。

A．ルター　　　　　B．**イグナティウス・デ・ロヨラ**
C．ピコ・デラ・ミランドラ　　　D．ウェーバー
E．ボッカチオ　　F．エラスムス　　G．**アルベルティ**

① 演説草稿『**人間の尊厳について**』において、自然は定められた法則にしばられているが、人間は自らの**自由意志**で何者にもなれるよう神によって創られていると説き、そこに人間の尊厳を見いだした。

② 「95か条の意見書」を掲げて、ローマ・カトリック教会が発行した贖宥状（免罪符）を批判したことで知られる。彼は、信仰の拠りどころは聖書のみであるとする**聖書中心主義**を唱え、信仰における平等を説いた（万人司祭説）。主著に『キリスト者の自由』がある。

③ 建築をはじめ様々な分野で活躍。「**人は欲しさえすれば、自分の力で何でもできる**」と述べ、自らの意欲次第で何事も成し遂げる人間像を示した。『建築論』『絵画論』『家政論』などを著す。

④ 『**プロテスタンティズムの倫理と資本主義の精神**』を著し、神の栄光を増すために禁欲的な生活を送り、それを救いの証にしようとするプロテスタンティズムの倫理が、資本主義的な勤労精神の一因になったと考えた。

⑤ 16世紀に**イエズス会**を創立した人物。イエズス会は、ローマ教皇の権威を認め、積極的に世界各地で布教活動を展開した。

⑥ 『**痴愚神礼讃（愚神礼讃）**』を著す。人間の**自由意志**の意義を強調する立場から、自由意志を否定するルターと論争したことでも知られる。

⑦ 『**デカメロン**』を著す。デカメロンとは10日という意味。10人の若い男女が、10日間1日1話ずつ話すという形をとる作品。人間の赤裸々な姿を大胆に描いており、人間解放の精神にあふれている。

問1 解答

①C　②A　③G　④D　⑤B　⑥F　⑦E

> **しっかりと区別** 自由意志をめぐる考え方

> ピコ・デラ・ミランドラ…人間の自由意志の意義を強調した。
> エラスムス………………人間の自由意志の意義を強調した。
> ルター……………………人間の自由意志を否定的に捉えた。
> カルヴァン………………人間の自由意志を否定的に捉えた。

【ルネサンス（ギリシア・ローマの古典文芸への回帰）に関連する人物】

・ピコ・デラ・ミランドラは、演説草稿『人間の尊厳について』において、人間は自由意志によって何者にもなることができる（神のようにも獣のようにもなることができる）と説いた。そして彼は、自らのあり方を規定する自由意志の中に、人間の尊厳の根拠を見いだした。

・エラスムスは、『自由意志論』を著して、人間の自由意志の意義を強調した。彼によれば、罪からの救いは人間が自らの意志で積んだ善行と神の恩寵（おんちょう）の両者によって可能である。

【宗教改革（カトリック教会に対する改革運動）に関連する人物】

・ルターは、罪からの救済は人間が自らの意志で積んだ善行にあるのではなく、超越的な神の恩寵と、恩寵によって可能となった神への「**信仰のみ**」にあると説いた（**信仰義認（ぎにん）論**）。この考えは、人間の自由意志を否定的に捉えるものである。なお、自由意志の意義を強調したエラスムスに対し、自由意志を否定的に捉えるルターは、『奴隷意志論』を著して反論した。

・カルヴァンは、神の超越性・絶対性と神への人間の絶対服従を唱えた。彼によれば、どの人間が救済されるかは、全知全能の神によって、あらかじめ決定されている（**予定説**）。このカルヴァンの考えも、人間の自由意志を否定的に捉えるものである。

問2 次の枠内の記号（A～K）を、下の番号（①～⑪）に合致させよ。

A. **ペトラルカ**　B. *パスカル*　C. **ラファエロ**　D. *ダンテ*
E. *モンテーニュ*　F. **ボッティチェリ**　G. *マキャヴェリ*　H. *トマス・モア*
I. *カルヴァン*　J. **ミケランジェロ**　K. *レオナルド・ダ・ヴィンチ*

① 　イタリア・ルネサンスの先駆者とされ、叙事詩『**神曲**（しんきょく）』を著す。

② 　モラリストの一人。『**エセー**』を著し、「私は何を知るか（**ク・セ・ジュ**）」と自己に問いかけ、独断と偏見、傲慢・不寛容を戒め、正しい生き方を追求した。

③ 　『**君主論**』を著し、君主は「**キツネのずるがしこさとライオンの強さ**」を併せもつべきと主張し、宗教・道徳と政治の分離などを説いた。

④ 　『**ユートピア**』を著す。私有財産制のない理想郷を描くことによって、現実の社会を批判したことで有名。

⑤ 　モラリストの一人。『**パンセ**』を著し、人間を「**考える葦**」と特徴づけたことで知られる。また、推論・論証に基づく**幾何学的精神**と、微妙な心の動きを直感的に感じ取る**繊細の精神**の重要性を説いた。

⑥ 　代表作に「**モナ・リザ**」「**最後の晩餐**」などがある。様々な分野で自らの能力を全面的に発揮した**万能人**（ばんのうじん）（普遍人）の代表的存在。

⑦ 　代表作に「**ダヴィデ像**」「**最後の審判**」。人間の偉大さや力強さの追求。

⑧ 　代表作に「**聖母子**」「**アテネの学堂**」。優美で調和に満ちた作品を描く。

⑨ 　代表作に「**春（プリマヴェラ）**」「**ヴィーナスの誕生**」。躍動する生命と自由に生きる人間の美を描く。

⑩ 　『**カンツォニエーレ**』を著し、近代的な恋愛感情を新鮮に表現した。

⑪ 　**職業召命観**（しょうめい）を説くとともに、神の召命である職業に励み、そこで得た富を神聖なものであると考えた（勤勉と禁欲の職業倫理を説き、営利活動を肯定的に捉えた）。主著に『**キリスト教綱要**（こうよう）』がある。

問2 解答

① D ② E ③ G ④ H ⑤ B ⑥ K ⑦ J ⑧ C ⑨ F ⑩ A

⑪ I

▶ **モラリスト**：人間の生き方や社会のあり方（モラル）について考察した16〜17世紀のフランスの思想家（モンテーニュやパスカルがこれに該当）。

▶ しっかりと区別 **モンテーニュとパスカル**

> モンテーニュ……「私は何を知るか（ク・セ・ジュ）」
> パスカル…………「人間は考える葦である」

・**「私は何を知るか（ク・セ・ジュ）」**は、モンテーニュが著した『エセー』に登場する言葉で、人間の偏見・独断・無知・傲慢・不寛容を戒め、懐疑の精神・自己省察・寛容の精神の重要性を説いたものである。ソクラテスを心の師とした彼は、悲惨な宗教戦争をもたらす原因が自己省察（人間とは何か？　自己とは何か？　という問いかけ）の欠如にあると考えた。そして人間のあり方として望まれるのは、寛容の精神や謙虚な生き方にあるとした。

・**「考える葦」**は、パスカルが著した『パンセ』に登場する言葉。彼によれば、人間は自然界の中では最も弱い悲惨な存在（水辺に生える一茎の葦のように弱々しく惨めな存在）であるが、そのことについて思考することができる点で、人間は偉大な存在（自分の弱さと悲惨を自覚することのできる偉大な存在）である。そして、パスカルは、人間を「悲惨と偉大」の間を揺れ動く**中間者**として捉えるとともに、「思考する」点に人間の尊厳があると考えた。

問3 次の枠内の記号（A～H）を、下の番号（①～⑧）に合致させよ。

> A．ニュートン　B．クーン　　C．ケプラー　D．ゲーテ
> E．ブルーノ　　F．ガリレイ　G．ポパー　　H．クワイン

① 地球を中心とした有限な宇宙という宇宙観を否定し、宇宙の無限を説いた人物。また、異端として宗教裁判にかけられ、その後火刑に処せられた。

② 地動説を支持するも、聖書の教えに反すると宗教裁判にかけられ、その説を撤回させられた人物。「**宇宙という書物は数学の言葉で書かれている**」と述べ、自然の運動法則を数学的に把握できると説いたとされる。

③ 太陽を1焦点とする惑星の楕円軌道など、天体に関する**3法則**を導き出した天文学者。

④ **万有引力の法則**によって天体の運動を体系的に説明するなど、古典力学の確立に貢献した人物。主著に『プリンキピア』。

⑤ **汎神論的自然観**を唱え、機械論的な自然観を批判した人物。『ファウスト』『若きウェルテルの悩み』などを著したことでも知られる。

⑥ 20世紀の科学史家。科学理論の歴史的発展と転換の構造をパラダイム（人々に共有された理論的枠組み）という概念を用いて説明した。

⑦ 20世紀の科学哲学者。「**反証可能性**」による理論の有効性テストを支持する立場をとった。この人物によれば、科学理論とは、絶対的真理（実験や観察によって反証される可能性をもたない言説）ではなく、実験や観察に基づく反証によって真偽の検証が可能な理論である。

⑧ 分析哲学の流れを汲む人物。彼は、科学理論における個別の法則（例えば落下の法則）の真偽を単独で検証することはできず、科学理論全体（例えば物理学全体）を評価することしかできないという考え方、知の「**全体論（ホーリズム）**」を提唱した。

問3 解答

①E ②F ③C ④A ⑤D ⑥B ⑦G ⑧H

● 近代自然科学の成立(科学革命):近代自然科学の成立は、それまで
の**目的論的自然観**から、精巧な機械のような存在として自然を捉え
る**機械論的自然観**への転換を促すものであった。

> **目的論的自然観**:自然界の事物が究極の目的に向かって生成変化し
> ていくとする自然観(「何のために運動するか」という見方が強調さ
> れる)。アリストテレスの自然観が代表的。

> **機械論的自然観**:精巧な機械のような存在として自然を捉える自然
> 観(「どのように運動するか」という見方が強調される)。観察や実
> 験に基づいて自然そのものに内在する法則(自然法則)を見いだし、
> 自然を質的にではなく量的に捉える点(数学的な量的定式化)に特
> 徴がある。

・社会学者の**ウェーバー**は、西洋近代に始まった「合理化」という歴史
的な動向の核心は「**脱呪術化**」にあると説いている。これは、自然
の驚異に対抗するために、神や精霊への祈りに依存するのではなく、
現象を予測して制御に努めるようになることを意味するものであり、
西洋における近代自然科学の発達を支える考え方・見方となった。

・近代自然科学の成立は「**科学革命**」と呼ばれ、ルネサンスや宗教改革
と並ぶ歴史的な出来事として捉えられてきた。なお、「科学革命」の
構造について論じた**クーン**は、科学の進歩とは、ある学問領域にお
いて共有されている研究の前提となるものの見方や研究方法、すな
わち「**パラダイム**」が転換することであると説いた。

問4 次の枠内の記号（A～G）を、下の番号（①～⑦）に合致させよ。

> A．ベーコン　B．デカルト　C．ヒューム　D．ライプニッツ
> E．ロック　　F．スピノザ　G．バークリー

① 【イギリス経験論】『**新機関（ノヴム・オルガヌム）**』を著した人物。「**知識と力とは合一する（知は力なり）**」と説いたことでも知られる。

② 【イギリス経験論】人間の心はもともと「白紙（タブラ・ラサ）」であり、生得的な観念や知識は存在しないと主張した人物。

③ 【イギリス経験論】人間の知覚を離れて存在する対象はないと考え、「**存在するとは知覚されること**」と主張した人物。物体を実体とみなすデカルト的な考え方を否定し、実体として存在するのは知覚する精神とその根拠である神のみであると説いた（**唯心論**）。

④ 【イギリス経験論】人間の心は「**知覚の束**」にすぎないと主張した人物。この人物によれば、経験を通じて得られる知識は時間と空間をこえられず、因果法則（因果律）も成立せず、人々が因果法則と考えているものは主観的な信念にすぎない。

⑤ 【大陸合理論】『**方法序説**』の冒頭において、「**良識はこの世で最も公平に配分されている**」と述べ、誰にでも良識（理性）がそなわっており、それを正しく用いることで正しい知識を得ることができると説いた人物。

⑥ 【大陸合理論】自然は唯一の実体である神の必然性に従って生起したものであり（**神即自然**）、その必然性を「**永遠の相のもと**」に認識すること、すなわち「**神への知的愛**」の中にこそ人間の自由の証があるとした人物。

⑦ 【大陸合理論】世界は無数の実体である**モナド（単子）**によって構成されていると考えた人物。彼によれば、モナド間の関係は、神の定めた調和の下におかれている。

問4 解答

①A　②E　③G　④C　⑤B　⑥F　⑦D

> ◉ **しっかりと区別** ベーコン（経験論）とデカルト（合理論）

> ベーコン…近代の**経験論**の祖。学問の方法として**帰納法**を唱えた。
> デカルト…近代の**合理論**の祖。学問の方法として**演繹法**を唱えた。

・**経験論**：経験（実験や観察）を知識の源泉とみなす考え方。

・**合理論**：感覚的な経験よりも理性を重んじ、理性を知識の源泉とみなす考え方。

・**ベーコン**は、人間の生活改善に役立つ自然法則を発見する（有用で確実な知識を得る）ためには、自然をありのままに観察することが重要であり、人間のうちにある偏見・先入見（**イドラ**）を取り除く必要があると考えた。そしてベーコンは、そうした偏見・先入見を排除しつつ、観察や実験によって得られた個々の経験的な事実を土台として、それらに共通する一般的事項を見いだしていくという新しい学問の方法（帰納法）を唱えた。

> **◆ベーコンが指摘した偏見・先入見（イドラ）**
> ・**種族のイドラ**：人間の本性に根差し、人間という種族に共通する。
> ・**洞窟のイドラ**：個人の性格や環境から生じる。
> ・**市場のイドラ**：言葉の不適切な使用に由来する。
> ・**劇場のイドラ**：権威を無批判に受け入れることによって生じる。

・**デカルト**は、普遍的に妥当する、絶対に確実な真理を得るために、すべてを疑うという方法をとり、感覚・経験に基づく知識などを徹底的に疑ったことで知られる（**方法的懐疑**）。そして彼は、物事の真偽を判断する能力である理性（**良識**）が、すべての人に生まれながらに平等にそなわっているものと考え、明晰・判明な原理から出発して、理性による推論を進めることによって確実な知識を得るという新しい学問の方法（**演繹法**）を唱えた。

社会契約説・啓蒙思想など

問5 次の枠内の記号（A～G）を、下の番号（①～⑦）に合致させよ。

A．グロティウス　B．モンテスキュー　C．ヴォルテール　D．ホッブズ
E．ロック　　　　F．ディドロ　　　　G．ルソー

① 『**戦争と平和の法**』を著し、「**国際法の父**」と呼ばれた人物。彼は、自然法が人々を拘束するのと同様に、国際社会にも国家を拘束する自然法が存在すると主張し、国際法を基礎づけた。

② 『**リヴァイアサン**』を著し、「**万人の万人に対する闘争**」状態となった自然状態から脱して平和を実現するためには、人々は社会契約を結んで国家をつくり、主権者に全面的に自然権を譲渡すべきであると説いた。

③ 『**市民政府二論（統治二論）**』を著し、人々は自然権を確実に保障するためにその権利の一部を政府に委託するが、政府が信託に反して権力を濫用し、権利を侵害する場合には、人々は**抵抗権**（**革命権**）を行使できると説いた。

④ 『**社会契約論**』を著した人物。彼は、自然状態では確保されていた自由と平等が、私有財産制の成立により失われてしまったとし、自由と平等を回復するためには、各人が契約を結んで**一般意志**（公益をめざす全人民の普遍的な意志）に基づく共同社会を形成しなければならないと主張した。

⑤ イギリスの思想や文化を紹介するとともに、フランスの遅れを批判した人物。『**哲学書簡**』『**哲学辞典**』『**寛容論**』を著す。

⑥ 『**百科全書**』を編纂した中でも中心的な人物（ダランベールらとともに編纂）。

⑦ 『**法の精神**』を著した人物。彼は、権力の濫用を防止し政治的自由を確保することを目的として、国家権力を立法権・行政権・司法権に分割し、それぞれ別々の機関に担当させて相互に抑制と均衡の関係におくべきだと説いた（**三権分立**）。

問5 解答

①A　②D　③E　④G　⑤C　⑥F　⑦B

しっかりと区別 ホップズとロックとルソー

	ホッブズ	ロック	ルソー
自然権	自己保存権（自己の存在を維持するための権利）	生命・自由・財産の所有権	自由・平等の権利
自然状態	各人の自然権が衝突する**戦争状態**：「**人間は人間に対して狼**」「**万人の万人に対する闘争**」。	基本的には**平和な状態**：自然権をめぐる争いを公正に裁く公的権力が存在しない。	自由と平等が確保された**理想的な状態**：私有財産制（文明）が発達するにつれて理想的な状態は崩壊した。
社会契約	自然状態から脱して平和を実現するために、人々は社会契約を結び国家をつくる（自然権を主権者に全面的に譲渡する契約）。	自然権を確保するために、人々は社会契約を結び政府をつくる（政府に統治を信託する契約）。	自由と平等を回復するために、人々は新たな共同社会を建設する社会契約を結ぶ。
政治観	**絶対王政を擁護**：国家が絶対的権力を保持し、国家の決定には全面的に服従すべきと主張した。	**間接（代表）民主制を支持**：信託に反して政府が自然権を侵害する場合、人々は**抵抗権・革命権**を行使することができると論じた。	**直接民主制を支持**（間接民主制を批判）：一般意志（公益をめざす全人民の普遍的な意志）に基づく法に服従すべきと説いた。

第3章 西洋近現代思想

問6 次の枠内の記号（A～G）を、下の番号（①～⑦）に合致させよ。

A．ヘーゲル　　B．シェリング　　C．フィヒテ　D．カント
E．スペンサー　F．ダーウィン　G．コント

① 『純粋理性批判』『実践理性批判』『判断力批判』を著した人物。人間の認識や実践などを批判的に考察し、人格主義の道徳論を唱えた。

② 『精神現象学』『法の哲学』を著した人物。世界史を、理性的な精神（絶対精神）が自らの本質である自由を実現していく過程と捉えた。

③ 精神と物体、主観と客観を二つの独立した実体とみなさずに、絶対的同一者のあらわれと考える同一哲学を唱えた人物。

④ 絶対自我の哲学を確立した人物。彼によれば、あらゆるものは、「自我」が自ら定立した「非我（自我と対立するもの）」を通じて自己を展開する「事行」に他ならない。

⑤ 経験的事実によって検証可能な知識を重視する実証主義を提唱した人物。人間の知識は三段階（神学的段階［事物を神の意志などに根拠づけて説明しようとする段階］、形而上学的段階［事物の起源・目的を、抽象概念を用いて説明しようとする段階］、実証的段階［事物を検証可能な事実によって説明しようとする段階］）を経て発展すると考えた。

⑥ 『種の起源』を著した人物。環境に適応する変異を起こした個体とその子孫が生き残り、そうした変異を起こさなかった個体とその子孫は淘汰されるとし、こうした自然選択が生物進化の原因であるとした（生物進化論）。

⑦ 社会進化論を提唱し、社会も生物のように有機体として進化発展を遂げると主張した人物。彼によれば、社会は軍事型社会から産業型社会へと移行していく。

問6 **解答**

①D　②A　③B　④C　⑤G　⑥F　⑦E

> **重点的に復習　カント**

・**カント**は、人間の理性の働きを、次の二つに分けて検討した。

> **理論理性**：科学的な認識にかかわる理性。これには、感覚を受容する能力である**感性**と、概念を形成する能力である**悟性**が含まれる。

> **実践理性**：道徳法則（いついかなる時にも誰もが従わなければならない行為準則）を打ち立て、意志に働きかける理性。

【カントの認識論】

・カントによれば、人間の認識は、**感性**と**悟性**の協働によって成立する。すなわち、感性が経験的素材を受容し、それを悟性が秩序づけ、概念をつくる。このように、カントは、認識の成立を感性と悟性の協働として説明することにより、経験論と合理論の二つの立場を総合しようとした。

・カントは、人間が認識するものを**現象**と呼び、現象の背後にある**物自体**を理論理性によって認識することはできないと説いた。彼によれば、理論理性の及ぶ範囲は人間が経験できることに限られ、神や霊魂など経験を超えたものは理論理性で捉えることができない。

【カントの道徳論】

・カントによれば、人間には従うべき道徳法則が存在する。この道徳法則は実践理性の命令であり、それは「もし〜ならば、〜せよ」という条件つきの仮言命法ではなく、「〜せよ」という無条件の命令（定言命法）の形をとる。

・カントは、ある行為が道徳的に善とみなされるかどうかは、その行為がもたらす「結果」によってではなく、真に道徳的な「動機」によってなされたものであるかどうかによって判断すべきであるとした（**動機説**）。彼によれば、真に道徳的価値が認められる行為は、道徳法則への尊敬のみを動機として、それに従うことを**義務**としてなされる行為のみである。

功利主義・プラグマティズムなど

問7 次の枠内の記号（A～F）を、下の番号（①～⑥）に合致させよ。

A．ミル　　　　B．デューイ　　　C．パース
D．ベンサム　　E．ジェームズ　　F．アダム・スミス

① 『**自由論**』を著した人物。彼は、各人の多様な個性の発展は社会が不断に進歩していくために重要であるから、個人の自由に対する社会的制約を課すことは慎重でなければならないと説いた。**質的功利主義**を提唱。

② 『**道徳および立法の諸原理序説**』を著した人物。彼によれば、快楽は、その強さや持続性などの基準によって比較・計量すること（**快楽計算**）が可能である。**量的功利主義**を提唱。

③ 『**道徳感情論**』や『**国富論（諸国民の富)**』を著した人物。彼は、各人の利己心に基づく活動が、「**見えざる手**」に導かれて、社会全体の利益（公益）を増進させると論じた。

④ **プラグマティズム**の創始者とされる人物。実際的効果を重視し、ある事物についての知識が真であるかどうかは、行動・行為を通じて明らかにされると説いた。

⑤ 『**プラグマティズム**』を著し、有用性を真偽・善悪の判断の基準とする立場から、人間生活に役立つならば「科学」は真・善であり、心の平安に寄与するならば「宗教」も真・善であると主張した人物（「**真理は有用であり有用なものは真理である**」）。

⑥ 『**民主主義と教育**』を著した人物。彼は、人間の知性（**創造的知性**）は実生活上の問題を解決するための手段（道具）であるとする**道具主義**を唱えた。

問7 解答

①A ②D ③F ④C ⑤E ⑥B

▶ しっかりと区別 ベンサムとミル

> ベンサム……「**最大多数の最大幸福**」という原理を重視。
> 　　　　　　快楽計算の考え方を説く。
> 　　　　　　法律による**外的制裁**を重視。
> ミル…………「**最大多数の最大幸福**」という原理を重視。
> 　　　　　　快楽計算の考え方を否定。
> 　　　　　　良心による**内的制裁**を重視。

・ベンサムは、最も多くの人々に最も大きな幸福をもたらすような行為が最善の行為であるという観点から、「**最大多数の最大幸福**」の実現こそ、市民社会にふさわしい道徳と立法の原理であると説いた。また、彼は、快楽・苦痛がその強さや持続性などの基準によって比較・計量することが可能であると説いた（**快楽計算**の考え方、**量的功利主義**）。

・ベンサムは、「最大多数の最大幸福」を実現するためには、その実現を妨げる利己的な快楽を追求する人間に対して、外からの制裁（サンクション）すなわち**外的制裁**が必要であると主張した。彼によれば、制裁の種類には、自然的制裁（物理的制裁／快楽を求めすぎて健康を損ねること）、法律的制裁（政治的制裁／法律により処罰されること）、道徳的制裁（社会的非難を受けること）、宗教的制裁（神罰を受けること）の四つがあるが、特に重視されるのは**法律的制裁**である。

・ミルは、ベンサムの「最大多数の最大幸福」の原理を受け継ぎながらも、快楽計算を否定した。そして、人間の快楽・幸福には質的な差異があるとして、感覚的な快楽よりも人間の誇りや尊厳の感情、あるいは他者のために尽くす利他的な行為の中にある精神的な快楽を重視した（**質的功利主義**）。

・人間の幸福の精神的側面を強調したミルは、良心に反した行為は精神的な苦痛が伴うと考え、良心による**内的制裁**を重視した。

問8 次の枠内の記号（A～N）を、下の番号（①～⑭）に合致させよ。

A. サン・シモン　B. フーリエ　C. オーウェン　D. ベルンシュタイン
E. サルトル　F. キルケゴール　G. ヤスパース　H. ハイデッガー
I. レーニン　J. マルクス　K. ウェッブ夫妻やバーナード・ショウ
L. ニーチェ　M. ボーヴォワール　N. カミュ

---

① 【空想的社会主義】「ファランジュ」と呼ばれる農業を基礎として生産と分配が合理的に行われる生活共同体を構想した人物。

② 【空想的社会主義】労働時間の短縮や児童雇用の中止など労働者の雇用環境の改善を進めた人物。イギリスからアメリカに渡り、共同所有・共同生活に基づくニューハーモニー村を建設した（失敗に終わる）。

③ 【空想的社会主義】資本家・労働者・科学者による「自主的な管理」による産業社会、搾取のない社会を構想した人物。

④ 『資本論』を著した人物。彼は、本来の労働のあり方を取り戻すためには、労働者階級による革命を通じて生産手段の私有を廃し、生産手段を社会の共有とする社会主義社会を実現する以外にないと主張した。

⑤ 『帝国主義論』を著した人物。資本主義が高度に発達した帝国主義国家は、少数の支配階級が他の階級を抑圧するための権力機構にすぎないと批判した。ロシア革命の指導者としても知られる。

⑥ イギリスの社会主義者の団体であるフェビアン協会のメンバー。議会制度を通じて資本主義の弊害を徐々に取り除くことを説き、福祉国家の実現をめざした。

⑦ ドイツの社会民主主義者。労働者の地位が向上した国では、労働者階級の代表者が議会の多数派を占めることで、漸進的に社会主義を実現することが現実的であると説いた。

⑧　キリスト教道徳は強者に対する弱者の怨恨（えんこん）（**ルサンチマン**）から生まれた**奴隷道徳**であると主張した人物。『**悲劇の誕生**』『**ツァラトゥストラはこう語った**』などを著した。

⑨　**限界状況**に直面したとき、人間は自己の有限性を自覚し、超越者の存在に気づかされ、本来的な自己に目覚めると説いた人物。主著に『**哲学**』『**理性と実存**』がある。

⑩　人間は自らが「**死への存在**」であることを自覚することによって、良心の呼び声に従った本来的な生き方が可能になると説いた人物。主著に『**存在と時間**』がある。

⑪　本来的な実存に至る道筋を三段階（**美的実存**の段階、**倫理的実存**の段階、**宗教的実存**の段階）に分けて説明した人物。『**あれか、これか**』『**死に至る病**』などを著した。

⑫　人間の自由と責任とを強調する社会参加（**アンガージュマン**）の思想を説いた人物。『**実存主義はヒューマニズムである**』『**存在と無**』『**嘔吐**（おうと）』などを著した。

⑬　『**第二の性**』を著した人物。「**人は女に生まれるのではない。女になるのだ**」と述べ、女性は男性による男性の社会の中で、男性より劣ったものと教育されて第二の性としてつくり上げられたものであると説いた。

⑭　『**異邦人**』『**シーシュポスの神話**』『**ペスト**』などを著した人物。人生の「**不条理**」を直視しつつ、絶望せずに生き抜くことを真の実存主義と捉えた。

問8 **解答**

①B　②C　③A　④J　⑤I　⑥K　⑦D　⑧L　⑨G　⑩H
⑪F　⑫E　⑬M　⑭N

問9 次の枠内の記号（A～H）を、下の番号（①～⑧）に合致させよ。

A. フロム　　B. ベンヤミン　　C. マルクーゼ　　D. ハーバーマス

E. オルテガ　　F. リースマン　　G. ウェーバー　　H. ホルクハイマーとアドルノ

---

① 『啓蒙の弁証法』を著した人物。近代的理性は人間を野蛮から解放する**啓蒙的理性**であると同時に、自然・人間を規格化し管理・操作する**道具的理性**でもあるとした。

② 『**自由からの逃走**』を著した人物。ナチズムの分析を通じて、自由の重荷に耐えきれず、判断や責任を権威ある人物・組織に委ねてしまう大衆人間像を批判した。

③ **対話的理性**に基づく、何の強制もない自由な討議によって合意に至ったものが社会のルールであるべきだと説いた人物。主著に『**公共性の構造転換**』『**コミュニケーション的行為の理論**』などがある。

④ 現代の管理社会を批判した人物で、特に管理され画一化された人間を「**一次元的人間**」と呼んだことで知られる。主著『理性と革命』。

⑤ 『**複製技術の時代における芸術作品**』を著した人物。写真や映画などの**複製技術**による芸術の普及が、本来、芸術作品がもつ「**オーラ（アウラ）**」を奪ったと主張した。

⑥ 『**孤独な群衆**』を著し、現代の大衆の社会的性格を**他人指向型**（外部指向型）という言葉で類型化した。

⑦ 『**大衆の反逆**』を著した人物。大衆を「自らを評価しようとせず、皆と同じだと感ずることに安心する人々」と呼び、無責任に行動する大衆や大衆の均質化・画一化を批判した。

⑧ 巨大な組織を能率的・効率的に運営する仕組み、いわゆる**官僚制**（ビューロクラシー）を「隷属の容器」と呼んで、その前途を警告した。

問9 解答

①H　②A　③D　④C　⑤B　⑥F　⑦E　⑧G

● フランクフルト学派

　1923年に設立されたフランクフルト大学の社会研究所に所属する社会学者・哲学者の集団。メンバーの中にはユダヤ系の学者も多く、ナチスの台頭により1930年代にはアメリカに亡命するケースが相次いだ。第二次世界大戦後、アメリカから帰国したホルクハイマーやアドルノらが研究所を再建した。

【ホルクハイマーとアドルノ】

　ホルクハイマーとアドルノが問題としたのは、理性を重視することによって進歩したはずの人類が、なぜ、ナチスによるユダヤ人の虐殺のような野蛮な行為に走ったのか、ということにあった。彼らによれば、近代の理性は人間を野蛮から解放する**啓蒙的理性**であると同時に、自然・人間を規格化し管理・操作する**道具的理性**でもある。つまり、近代の理性は自然を支配することで文明を進歩させる一方、その進歩は逆に管理社会をつくり上げて、人間を抑圧する野蛮状態へ陥らせると考えたのである。このように考えた彼らは、特に道具的理性のあり方に対して警鐘を鳴らした。

【ハーバーマス】

　フランクフルト学派の第二世代に属する**ハーバーマス**は、何の強制もない自由な討議によって**合意**に至ったものが社会のルールであるべきだとして、道具的理性ではない対話的理性による支配関係のない社会の創設の重要性を説いた。ハーバーマスの思想の特徴は、ホルクハイマーとアドルノが指摘した批判理論による道具的理性の批判を、コミュニケーション論へと昇華させたことにある。ハーバーマスは、ホルクハイマーとアドルノが見過ごしていた相互的なコミュニケーションの重要性を強調し、対話的理性（**コミュニケーション的合理性**）の復権を主張したのである。

問10 次の枠内の記号（A～G）を、下の番号（①～⑦）に合致させよ。

A. **ガタリ**　　B. **サイード**　C. **ドゥルーズ**　D. **デリダ**
E. **リオタール**　F. **フーコー**　G. **レヴィ・ストロース**

① 『**野生の思考**』を著した人物。南米アマゾンの未開社会に見られる**野生の思考**は、西洋近代の科学的思考に比べて、その精密さや厳密性において少しも劣るところはないと説いた。そして、未開人の文化を西洋近代社会の文化に対して「野蛮なもの」「劣ったもの」とみなす西洋中心主義の思考を批判した（**文化相対主義**）。

> **野生の思考** … アマゾンの未開社会に見られ、ありあわせの材料を臨機応変に組合せる思考。日常や自然のささやかな差異や具体的な経験を通して獲得される。
> **栽培種の思考（栽培の思考）**… 西洋近代の科学的思考。目的に合わせて抽象的な概念によって体系的に考えるあり方。

② 『**狂気の歴史**』『**監獄の誕生**』を著した人物。人間の理性を尺度とした近代社会は、「狂気」「犯罪」「病気」といった反理性的なものを排除することで、人間を一元的に管理してきたと説いた。

> 彼によれば、裁判所、監獄、病院、学校などの施設は、社会秩序から逸脱することを異常とみなす価値観を広め、そのような価値観に服従する主体を生み出す役割を果たしてきた。

③ 「善／悪」「理性／狂気」「精神／身体」などの二項対立的な思考を
　生み出してきた西洋哲学の思考の枠組みを崩し、新たな可能性を提
　示しようとする「**脱構築**」を唱えた、ポスト構造主義の思想家。

④ 『**差異と反復**』を著した人物。ギリシア以来の西洋哲学を「**同一性**」
　の哲学であるとし、そこには排除・暴力の論理があると批判した。

⑤ 世界全体を、理性や進歩など、大きな思想の枠組みに当てはめ、歴
　史を一つの方向性によって解釈する近代哲学を「**大きな物語**」と呼
　んで批判した。また、多様な価値観が共存する現代の多元的世界の
　中では、環境倫理・生命倫理・フェミニズム（女性解放運動）など、
　具体的・個別的な状況で思索する「**小さな物語**」と呼ばれる思想が
　必要であると説いた。

⑥ 人間の意識は**無意識の欲望**によって突き動かされるが、文明や国家
　権力は無意識の欲望が生み出す創造的な活動を抑圧すると説いた。ま
　た彼は、エコロジー運動を展開し、例えばチェルノブイリ原発事故
　を受けて、一人ひとりが自然と文化を総合して社会状況を考えなが
　ら行動することを説いた。著作に『アンチ・オイディプス』（ドゥ
　ルーズとの共著）がある。

⑦ 西洋人が進歩的で優秀であるという自己像をつくり出すために、そ
　の対極にあるものとして構成したのが「東洋」という概念であり、こ
　れに基づく西洋中心主義的思考・様式を「オリエンタリズム」と呼
　んで批判した人物。

問10 **解答**
①G　②F　③D　④C　⑤E　⑥A　⑦B

26 現象学・言語学 など

問11 次の枠内の記号（A～E）を、下の番号（①～⑤）に合致させよ。

A．フッサール　　B．レヴィナス　　C．メルロ・ポンティ
D．ソシュール　　E．ウィトゲンシュタイン

---

① 先入観・思い込みを排して純粋意識に立ち返り（判断停止＝エポケー）、明証的にあらわれている現象の本質を記述していく方法を重んじる**現象学**を提唱した。

② 『**知覚の現象学**』などを著し、身体を物体であると同時に意識が浸透したものであるとする観点から、人間にとっての身体の意味を考察する独自の現象学を展開した人物。

③ 『**全体性と無限**』を著した人物。自我を中心にすべてを説明しようとする思考（全体性）を生み出した近代哲学を批判し、倫理は自我からではなく、「私」が「他者」の重みを思い知ることから始まると説いた。

④ 構造主義に大きな影響を与えた言語学者。様々な言語の変化を歴史的に研究した結果、言語は歴史によって変化しない共通の**構造**（体系）を本質的にもつと考えた。また、社会的に形成された言語習慣の体系をラングと呼び、それに基づいて成立する個人の発話行為をパロールと呼んだ。著作に『一般言語学講義』がある。

⑤ 『**論理哲学論考**』『**哲学探究**』を著した哲学者。彼は、哲学は言語を分析する営みだと考え、言語と人間生活のあり方について考察したことで知られる。

問11 解答

①A ②C ③B ④D ⑤E

▶ ソシュール…構造言語学

　ソシュールは、個人の主観的意識を超えた**構造**（体系）として言語を捉え、自由で主体的に見える人間の言語活動や思考も、そうした構造によって可能になっているとした（ソシュールの考えは、**構造主義**の成立に大きな影響を与えたことで知られる）。彼によれば、満点の星空の中に人為的に切れ目を入れて、様々な星座を区別する言葉が生み出されていく過程のように、ある言葉は他の言葉との差異によって意味をもち、異なる言葉によって語り分けられることを通して、物事は区別されたものとして認識される。

▶ ウィトゲンシュタイン…言語の分析

前期	彼は、哲学の務めは、経験的に真偽が検証できる有意味な判断（命題）を扱うことにあると説いた。例えば、自然科学においては経験的に検証することができるが、神や道徳などに関する判断は、その真偽を経験的に検証することができないため無意味だということになる。こうした考えから、**「語りえぬものについては沈黙せねばならない」**と述べた（これまでの宗教や哲学の問題の多くは、語りえぬものを語ろうとしたために生じてきたと主張した）。
後期	**言語ゲーム**という概念を導入し、言語と人間生活のあり方について考察するようになった。ここに言うゲームとは"一定の規則に従って行動すること"を意味する。彼によれば、人間はみな言語ゲームに参加している。例えば、幼少期の人間は"言語に関する一定の規則（文法）"を習わずとも自然と言葉を話せるようになるが、これは言語ゲームに参加しながら自然と"言語に関する一定の規則（文法）"を身につけていくことを意味する。

問12 次の枠内の記号（A～F）を、下の番号（①～⑥）に合致させよ。

A．アーレント　B．**オルポート**　C．**ブーバー**　D．ロールズ
E．ベルクソン　F．アマルティア・セン

① 『**正義論**』などを著し、「公正としての正義」を唱えた人物。

② 『**貧困と飢餓**』『**不平等の経済学**』『**人間の安全保障**』を著した人物。
真の豊かさ（福祉）は、各人が自ら価値があると考える生き方を選
びとる「**生き方の幅**」、すなわち「**潜在能力（ケイパビリティ）**」がど
の程度あるのかによって評価されるべきであると説いた。

③ 『**全体主義の起源**』を著し、ナチズムの「全体主義」を支えていた
のは、アトム化した平凡な大衆であったと指摘した。また、『**人間の
条件**』を著し、人間の行為の形態を次の三つ（**労働**、**仕事**、**活動**）に
類型化した。

④ 個別的な事例にもかかわらず、集団全体を否定的に捉え、その集団が
排除されるといった偏見の心理、いわゆる「**過度の一般化**」につい
て分析した人物（人間の社会的態度や同調行動を研究した）。

⑤ ユダヤ系の宗教哲学者であり、「我」と「汝」が語り合うことで世
界が拓けていくという「**対話の哲学**」を説いた。彼によれば、神は
永遠の「汝」とされる。著作に『**我と汝・対話**』などがある。

⑥ 『**創造的進化**』を著した人物。彼によれば、生命の創造的進化の原
動力となるのはエラン・ヴィタール（**生の躍動**）であり、人間はそ
れを自己の中に感じとることによって「**開かれた魂**」（家族や国家の
枠を超え、人類に開かれた普遍的な人類愛）のもち主へと進化する。
そして、宇宙における生命の創造的進化の流れは、抑圧的な義務意
識が強く閉鎖的な「**閉じた社会**」から、人類を同胞として受け入れ
る「開かれた魂」のもち主からなる「**開いた社会**」へ向かうと説い
た。

問12 解答

①D　②F　③A　④B　⑤C　⑥E

● アーレント…人間の行為の形態を三つに類型化

　アーレントは、人間の行為の形態を三つ（**労働、仕事、活動**）に類型化し、公共世界を構築し運営する行為を意味する<u>活動</u>によって、**全体主義**の危機を避けることができると説いた。

> **労働**…食料などの消費財をつくる行為。生命維持のために永遠に引き受けなければならない行為であり、人間的な価値は低いとされる。
> **仕事**…家具・住居などのように、制作者よりも長く存続する耐久財をつくる行為。公共の領域の基礎を制作する行為である。
> **活動**…公共の領域で各人が私的な利害にとらわれずに討議し、公共世界を構築し運営する行為。人間に最もふさわしい自由な行為。

● ロールズ…二つの正義の原理

　ロールズは、社会契約説の方法を用いながら「**公正としての正義**」を提唱した。彼によれば、自由で平等な契約当事者は、各人の正義感覚をうまくすり合わせる形で社会的ルールについての合意を成立させる。仮に自らの具体的状況について情報をもたない原初状態（**無知のヴェール**におおわれた状態）の下では、特定の個人のみに都合のよい選択をすることができないため、結果として全員が受け入れざるを得ないルール（次に示す二つの正義の原理）への合意が生まれるとした。

> 第1原理：自由の権利が各人に平等に保障されるという原理（**平等な自由の原理**）。
> 第2原理：社会的・経済的不平等は、地位や職務につく機会が公平であり、社会的に最も不遇な人々の境遇を改善するものである限りにおいて認められるという原理（**機会均等原理**と**格差原理**）。

問13 次の枠内の記号（A ～ K）を、下の番号（①～⑪）に合致させよ。

A．ソロー　　　B．キング　　　　C．ラッセル　　　D．マザー・テレサ
E．ノージック　F．サンデル　　　G．ガンディー　　H．マッキンタイア
I．トルストイ　J．シュヴァイツァー　K．ヴァイツゼッカー

① 『**戦争と平和**』などで知られる文豪であると同時に、キリスト教的隣人愛や非暴力主義を唱え、後のヒューマニズム運動に大きな影響を与えた。

② **アヒンサー**（非暴力、不殺生）の考えに立ち、インド独立運動を指導した人物。**サティヤーグラハ**（真理の把持）を理念として掲げ、これを貫くことを人生の目標としたことで知られる。

③ アメリカで黒人差別に抗議して公民権運動を指導した人物。1963年には、20万人が参加したワシントン大行進において、「**私には夢がある**」という言葉で有名な演説を行った。

④ 『**ウォールデン　森の生活**』などを著した19世紀アメリカの作家。この人物は、奴隷制度とメキシコ戦争に抗議するため、納税拒否を行い投獄されたことがあるが、このときの「**市民的不服従（良心に基づき従うことができないと考えた特定の法律や命令に非暴力的手段で公然と違反する行為）**」の姿勢が②の人物のインド独立運動や③の人物の公民権運動などに思想的影響を与えたとされる。

⑤ **アインシュタイン**とともに、核戦争による人類破滅の危険性を警告する宣言（1955年）の発表に貢献した人物。

⑥ ドイツで大統領を務めた人物。「荒れ野の40年」と題する1985年の議会演説の中で、「**過去に目を閉ざす者は、結局のところ現在に対しても目を閉ざすことになる**」と述べて、ナチス時代のドイツ人の罪を反省し、同様のあやまちを再び起こさない決意を示した。

⑦　人間ばかりでなくあらゆる生物の生命を守り敬うことが善であると唱え「**生命への畏敬**」を説いた人物。アフリカに渡って医療とキリスト教の伝道に携わったことでも有名。著作に『水と原生林のはざまで』がある。

⑧　「人間にとって最も悲しいことは、他の人々からいてもいなくてもよいとみなされ、見捨てられていると感じること」であると説き、見捨てられた病人を迎え入れる「死を待つ人の家」を開設するなど、インドのカルカッタ（コルカタ）を中心に貧しい人、見捨てられた人のために奉仕活動を行った人物。

⑨　**コミュニタリアン**（共同体論者）を代表する人物の一人。『自由主義と正義の限界』などを著す。自由主義が善についての議論を回避してきたと批判し、共同体（コミュニティ）が共有すべき善を追求すべきだとした。彼によれば、正義の具体的意味は、共同体を支え、友愛・相互扶助・自治などの「**共通善**」を共有している人々らによる話し合いによって確定されるべきである。

⑩　**コミュニタリアン**（共同体論者）を代表する人物の一人。『美徳なき時代』を著す。人間は共同体の伝統の中で考え方を身につけることで、様々な役割を果たすことができると主張した（同時に、人間が社会のあり方を自由に選択できるとする、近代の個人主義的な見方を批判した）。

⑪　**リバタリアニズム**（自由至上主義）を提唱。個人の才能や労働の成果である財産は正当な自己の所有物に他ならないと主張し、国家（政府）が強制的な課税によって所得や富を再配分したり、福祉を増進させたりすることは、個人の自由や権利に対する不当な侵害であると説いた（「**小さな政府**」論）。

問13 解答

①I　②G　③B　④A　⑤C　⑥K　⑦J　⑧D　⑨F　⑩H　⑪E

① 「**お前（人間）は、下位のものどもである獣へと退化することも、また決心次第では、上位のものどもである神的なものへと生まれ変わることもできるだろう**」：ピコ・デラ・ミランドラが『**人間の尊厳について**』と題する演説草稿において述べた言葉。彼によれば、人間は自らの自由意志によって、神に近い存在にも、禽獣のような存在にもなることができる。すなわち、人間だけが自らの意志で自己のあり方を自由に決定することができるのであり、このことが人間の尊厳の根拠であるとされる。

② 「**罠を見抜くという点ではキツネでなくてはならず、狼の度肝を抜くという点ではライオンでなければならない（キツネの狡知とライオンの力）**」：マキャヴェリが『**君主論**』の中で示した言葉。彼は、政治と宗教・道徳とを明確に区別すべきであると主張するとともに、『君主論』において、道徳的にすぐれていることで人々から愛される君主よりも、政治のためにはいかなる手段も用いることのできる君主のほうが統治者としてふさわしいとした。

③ 「**キリスト者はすべてのものの上に立つ自由な主人であって誰にも従属していない**」：ルターが『**キリスト者の自由**』の中で示した言葉。彼によれば、人間はイエスの福音への信仰によってのみ罪を赦され、神の恵みによってなにものにも妨げられない内的な自由をもつことができる。

④ 「**私は何を知るか（ク・セ・ジュ）**」：モンテーニュが『**エセー**』の中で示した言葉。人間の偏見・独断・無知・傲慢・不寛容を戒め、懐疑の精神・自己省察・寛容の精神の重要性を説いたものである。

⑤ 「**人間は考える葦である**」：パスカルが『**パンセ**』の中で示した言葉。彼によれば、人間は自然界の中では水辺に生える一茎の葦のように弱々しく惨めな存在であるが、そのことについて思考することができる点で、人間は偉大な存在である。

重要原典／西洋近現代思想②

① 「**宇宙という書物は数学の言葉で書かれている**」：ガリレイの言葉。自然に実在するものは数学的に把握できるという意味をもつ。

② 「**人間の知識と力は合一する（知は力なり）**」：ベーコンが『**ノヴム・オルガヌム（新機関）**』の中で示した言葉。この言葉は、人間は自然についての知を獲得することによって、自然を支配することが可能となり、人間の福祉を向上させることができるという意味をもつ。

③ 「**心は、言ってみれば文字をまったく欠いた白紙（タブラ・ラサ）で、観念は少しもないと想定しよう。どのようにして心は観念をそなえるようになるか。……私は一語で経験からと答える**」：ロックが『**人間悟性論**』の中で示した言葉。彼によれば、人間の心はもともと白紙（タブラ・ラサ）であるから、人間には生得的な観念が存在しない。

④ 「**存在するとは知覚されることである**」：バークリーの言葉。彼は、経験を重んじる立場から、物体が知覚といった経験とは独立して存在する考え方をしりぞけた。

⑤ 「**良識はこの世で最も公平に配分されているものである**」：デカルトが『**方法序説**』の中で示した言葉。彼は、すべての人間に良識（ボン・サンス）が平等に与えられていることを説いた。なお、良識とは、真と偽を識別する判断力のことであり、理性と同じ意味で用いられることがある。

⑥ 「**われ思う、ゆえにわれあり（コギト・エルゴ・スム）**」：デカルトが『**方法序説**』の中で示した言葉。すべての存在は疑うことがきるが、それを考える自己の存在だけは疑うことはできない（「考える自己」「疑う私」がここに存在することは確実なことである）という意味をもつ。理性（疑う能力そのもの）を知識の源泉と考えるデカルトは、「われ思う、ゆえにわれあり」という命題を最も確実な真理であるとみなし、これを学問の根本原理とした（哲学の第一原理）。

①「**永遠の相のもとに**」：**スピノザ**の言葉。神は自然そのものである（神即自然）と考えた彼は、神である自然には必然的な法則性があり、この必然性を理解することにこそ人間の自由の証があるとした。「永遠の相のもとに」という言葉は、こうした必然性の認識を言いあらわしたものである。

②「**万人の万人に対する闘争（人間は人間に対して狼である）**」：**ホッブズ**が『**リヴァイアサン**』の中で示した言葉。彼によれば、人間には生まれつき自己保存の欲望があり、各人はその欲望を自由に追求する自然権をもつ。その結果、人々は欲望を満たすために互いに争い合うことになる。ホッブズはそうした自然状態を「万人の万人に対する闘争」状態として捉えた。

③「**自分によせられている信託に背いて国民の暴力を用いることは、国民と戦争状態に入ることであり、その場合には、国民は彼らの立法部を、その権力を行使しうるような状態にもどす権利をもっている**」：**ロック**が『**市民政府二論（統治二論）**』の中で示した言葉。彼は、信託に反した政府に対して人民が抵抗権（革命権）を行使することを容認する主張をした。

④「**人間は自由な者として生まれた、しかも至るところで鎖につながれている。自分が他人の主人であると思っているような者も、実はその人々以上に奴隷なのだ**」：**ルソー**が『**社会契約論**』の中で示した言葉。彼によれば、人間の自然状態は自由・平等で独立・自足の状態であるが、人間のつくった文明社会によってこうした状態は奪われた。

⑤「**自然に帰れ**」：**ルソー**の言葉。文明社会の堕落を批判した彼の考え方を端的にまとめたものとされている。ルソーは、人々の間に大きな経済的格差が生じたのは、文明社会で財産の私有が始まり、人間が堕落した結果だと考え、「自然に帰れ」と唱えた。

① 「**最大多数の最大幸福**」： ベンサム が道徳および立法の原理とみなし
た功利主義の標語。最も多くの人々に最も大きな幸福をもたらすよ
うな行為が最善であるという観点から掲げられた標語。

② 「**自然は人間を苦痛と快楽という、二人の主権者の支配のもとにおい
てきた。われわれが何をしなければならないかということを指示し、
またわれわれが何をするであろうかということを決定するのは、た
だ苦痛と快楽だけである**」： ベンサム が『**道徳および立法の諸原理序
説**』の中で示した言葉。快楽を求め苦痛を避けようとするのが人間
の本性であると考えたベンサムは、快楽の増大ないし苦痛の減少こ
そが人間の幸福であり、快楽の増大・苦痛の減少を通じて人々の幸
福を増進させることが善であると考えた。

③ 「**すべての人を一人として扱い、一人以上とは数えない**」： ベンサム
の言葉。少数者の幸福ではなく、万人が平等で最大の幸福にあずか
る権利をもつという彼の考え方を示したもの。ベンサムは、快楽計
算において、万人は等しく一人として数えられるべきであると主張
した。

④ 「**満足した豚であるよりは不満足な人間であるほうがよく、満足した
愚か者よりは不満足なソクラテスであるほうがよい**」： ミル の言葉。
この言葉は、ミルが肉体的な快楽よりも精神的な快楽のほうに高い
価値を認めたことを示している（質的功利主義）。ミルは、幸福は量
として計算できるものではなく、質的に異なっていると主張した（ベ
ンサムの快楽計算を否定した）。

⑤ 「**ナザレのイエスの黄金律の中に、われわれは功利主義倫理の完全な
精神を読み取る。おのれの欲するところを人に施し、おのれのごと
く隣人を愛せよというのは、功利主義道徳の理想の極致である**」： ミ
ル の言葉。ミルは、イエスの黄金律にこそ功利主義の理想があると
考えた。

①「われわれの住む世界においてはもとより、およそこの世界のそとでも、無制限に善とみなされ得るものは、善意志の他にはまったく考えることができない」：カントが『道徳形而上学原論』の中で示した言葉。彼によれば、人間は道徳法則（各人が内なる理性によって打ち立てた普遍的な行為準則）に自律的に従う自由の主体である。そして、道徳的主体としての人間を「物件」と区別して「人格」と呼び、義務（行為者に対して道徳法則に従うように要求するもの）に従って常に善をなそうとする意志を、カントは善意志と呼んだ。

②「あなた自身の人格や、他のすべての人の人格のうちにある人間性を、常に同時に目的としてとり扱い、けっして単に手段としてのみとり扱わないように行為せよ」：カントの言葉。彼は、各人の実践理性の命令である道徳法則に自ら進んで従う主体を「人格」と呼び、すべての人の人格を単なる手段としてのみ使用してはならず、いつでもまたいかなる場合にもそれ自体を目的として尊重しなくてはならないと説いた。

③「あなたの意志の格率が、常に同時に普遍的立法の原理となるように行為せよ」：カントの言葉。彼は、誰もが無条件に従うべき道徳法則があると考え、この法則が命じる行為の形式を先の言葉で表現した。

④「幸福を求めるのではなく、幸福に値する人間となれ」：カントの言葉。行為の善さを「結果」の善さではなく「動機」の善さに求めた彼の徳と幸福についての基本的な考えを示したもの。カントによれば、人間が従うべき道徳法則の形式は、定言命法（無条件の命令）であって仮言命法（条件つきの命令）ではない。

⑤「啓蒙とは、人間が自分の未成年状態から抜けでることである」：カントが『啓蒙とは何か』の中で示した言葉。「啓蒙」とは、理性の光によって人間を無知の状態から解放していくことを意味する。

① 「**世界史は自由の意識の進歩である**」：ヘーゲルの言葉。彼によれば、歴史発展の背後にあってその原動力となっているものは、自由を本質とする理性的な精神（絶対精神）であり、歴史は絶対精神が人間の自由な活動を媒介として、自己の本質である自由を実現していく過程であるとされる。

② 「**理性的なものは現実的であり、現実的なものは理性的である**」：ヘーゲルの言葉。現実の世界におけるすべての事象は、絶対精神が具体的に姿をあらわしたものに他ならないという意味。

③ 「**ミネルヴァの梟は夕暮れどきに飛び立つ**」：ヘーゲルの言葉。彼は、哲学をミネルヴァ（古代ローマの知恵の女神）の梟になぞらえて、哲学の任務を歴史的・現実的な出来事が結末を迎えた後でそれを解釈することにあるとした。

④ 「**人間の意識が彼らの存在を決めるのではなくて、逆に彼らの社会的存在が、彼らの意識を決めるのである**」：マルクスの言葉。マルクスの唯物史観（史的唯物論）を端的にまとめた言葉として知られている。

⑤ 「**これまでのあらゆる社会の歴史は階級闘争の歴史である**」：マルクスとエンゲルスの共著『**共産党宣言**』の中で示された言葉。マルクスによれば、生産力は絶えず増大していくが、生産関係は一度確立すると固定化される傾向をもつため、両者の間に矛盾が生じ、それがもととなって、新たな生産関係の形成のための社会改革が生じる（唯物史観、史的唯物論）。彼らは、支配階級と被支配階級の間の闘争も歴史の必然であると説いた。

⑥ 「**万国のプロレタリア（労働者）、団結せよ！**」：マルクスとエンゲルスの共著『**共産党宣言**』の中で示された言葉。彼らは、労働者階級（プロレタリアート）が団結して革命を起こし、資本家階級（ブルジョワジー）に勝利して、資本主義から社会主義へ、さらに支配や抑圧のない共産主義へ移行すると主張した。

① 「**私がそのために生き、そして死にたいと思うようなイデーを発見することが必要なのだ**」：キルケゴールの日記の中にある言葉。彼は、普遍的真理を説くヘーゲルの哲学に異議を唱え、「今ここにいるこの私」にとっての真理、すなわち主体的真理（自らの決断と行動を通じて人生で主体的に実現される真理）を求めた。

② 「**神は死んだ**」：ニーチェが『ツァラトゥストラはこう語った』の中で示した言葉。彼は、19世紀後半のヨーロッパ世界ではキリスト教信仰が急速に影響力を失ったとして、このような状況を神の死として捉え、そのもとでは現実の世界は意味も目的もなく、無意味なことが永遠に繰り返される永劫回帰（永遠回帰）の世界にすぎないと考えた。

③ 「**わたくしはあなた方に超人を教える。人間とは乗り越えられるべきものである。あなた方は、人間を乗り越えるために何をしたか**」：ニーチェが『ツァラトゥストラはこう語った』の中で示した言葉。彼は、キリスト教的な価値に代わる新たな価値を創造するためには、永劫回帰の世界を自己の運命として積極的に引き受け（運命愛）、本源的な生命力（力への意志）に従ってたくましく生きる超人となることが必要であると説いた。

④ 「**わたくしは常に状況の中に存在し、争いや苦悩なしに生きることはできず、不可避的に責めを自分に引き受け、死ななければならない**」：ヤスパースが『哲学』の中で示した言葉。彼によれば、人生にはどうしても避けることのできない死・苦悩・争い・罪責などの限界状況があるという。そして、この限界状況に直面する中で、人間は本来的な自己に目覚めると考えた。

💡 重要原典／**西洋近現代思想⑧**

①「**実存は本質に先立つ**」「**人間の本性は存在しない。その本性を考える神が存在しないからである**」：サルトルが『**実存主義はヒューマニズムである**』の中で示した言葉。サルトルによれば、人間はペーパーナイフのような道具と違ってあらかじめ本質が決まっているわけではなく、自分自身を自由につくり上げていく存在者である。しかし、この自由に従って自己の未来を選び取ることは重荷でもある。

②「**人間は自由の刑に処せられている**」：サルトルが『**実存主義はヒューマニズムである**』の中で示した言葉。自由に従って自己の未来を選び取ることは重荷であるという意味。彼によれば、人間の自由な行為（自分自身を自由につくり上げていく行為）は必ず他人に影響を与えるから、行為には社会や全人類の運命や将来に対する厳粛な道徳的責任が伴う。

③「**人は女に生まれるのではない。女になるのだ**」：ボーヴォワールが『**第二の性**』の中で示した言葉。彼女によれば、女性は男性を中心とする社会の中で、男性より劣ったものと教育されて第二の性としてつくり上げられたものであると説いた（女性差別は文明全体に根差すものであると指摘した）。

① 「**真理は有用であり有用なものは真理である**」：ジェームズが『**プラグマティズム**』の中で示した言葉。彼は、ある事柄が真理であるかどうかは実際の生活の中で役に立つかどうかによって判断されると主張した。この考えは、真理は絶対的なものではなく相対的なものであると見なすものである（相対主義）。

② 「**知性は道具である。道具というものがすべてそうであるように、それらの価値はそれ自身の中にあるのではなく、それらの働きの能力、すなわち使用された結果において示されるところの有用性である**」：デューイが『**哲学の改造**』の中で示した言葉。彼によれば、人間の知性は、環境適合・環境改善を図るための道具である（道具主義）。

③ 「**語りえぬものについては沈黙せねばならない**」：ウィトゲンシュタインが『**論理哲学論考**』の中で示した言葉。彼は、言葉と現実の事象とは正しい対応関係をもっているのだから、神や道徳などの現実の事象と対応しないものは、言葉によって論理的に確認することはできないと説いた。

④ 「**私は、生きようとする生命にとりかこまれた生きようとする生命である**」：シュヴァイツァーの言葉。彼は、生きようとする意志をもつあらゆる生命に対する畏敬の念（生命への畏敬）と、生きとし生けるものへの責任を説き、そこに倫理や道徳の存在理由があるとした。

⑤ 「**今日最大の病気とは、自らを不要な人間と思い込むこと、誰からも見捨てられていると感じることである**」：マザー・テレサの言葉。彼女によれば、人にとって最大の罪は愛とあわれみをもたないことである。つまり、搾取されたり、貧困や病気で苦しんでいる隣人を目にしながら「無関心」でいることこそが罪である。彼女の言葉は、「病気」の温床となっている人々への「無関心」を戒めるものでもある。

① 「私には夢がある。それは、いつの日か、私の四人の小さな子どもたちが、肌の色によってではなく、人格そのものによって評価される国に生きられるようになることだ」：キングの言葉。アメリカで黒人差別に抗議して公民権運動を指導したキングが、ワシントン大行進（1963年）において行った演説の有名な文言である。

② 「戦争は人の心の中で生まれるものであるから、人の心の中に平和の砦を築かなければならない」：ユネスコ憲章にある言葉。同憲章によれば、戦争は諸人民が「相互の風習と生活を知らないこと」による「疑惑と不信」から起きると指摘している。

③ 「およそ将来の世界戦争においては必ず核兵器が使用されるであろうし、そしてそのような兵器が人類の存続を脅かしているという事実から見て、私たちは世界の諸政府に、彼らの目的が世界戦争によっては促進されないことを自覚し、このことを公然と認めるよう勧告する」：ラッセル・アインシュタイン宣言にある言葉。同宣言は、世界の著名な科学者の署名を得て発表されたもので、核兵器廃絶などを訴えている。

④ 「過去に目を閉ざす者は、結局のところ現在に対しても目を閉ざすことになる」：ヴァイツゼッカーの言葉。「荒れ野の40年」と題する議会演説（1985年、ドイツ）の中にある言葉で、ナチス時代のドイツ人の罪を反省し、同様の過ちを再び起こさない決意を示したものである。

① 『**人間の尊厳について**』：ピコ・デラ・ミランドラの演説草稿。神は人間に自由な選択の能力を与え、人間には自らのあり方を選ぶ「自由意志」があり、自ら欲するものになりうると説いた（そこに人間の尊厳があるとした）。

② 『**君主論**』：マキャヴェリの著作。小国分立状態にあるイタリアの政治的混乱を収拾するため、君主の権謀術数的統治の必要性を説いたもの。

③ 『**痴愚神礼讃（愚神礼讃）**』：エラスムスの著作。痴愚神が、教皇・聖職者・神学者の偽善を皮肉る形式の風刺文学。当時の僧侶・王侯貴族などの愚かさや堕落を著し、批判精神で人間解放をめざした文学作品。

④ 『**ユートピア**』：トマス・モアの著作。土地所有者による囲い込み運動によって農民を貧困へと追い込む当時のイギリス社会を批判するとともに、私有財産制度のない平等な理想社会を描いた作品。

⑤ 『**デカメロン**』：ボッカチオの著作。デカメロンとは10日という意味。10人の若い男女が、10日間1日1話ずつ話すという形をとる作品。人間の赤裸々な姿を大胆に描いており、人間解放の精神にあふれている。

⑥ 『**キリスト者の自由**』：ルターの著作。キリスト者の信仰と愛について説いたもの。彼によれば、キリスト者は、信仰により自由な主となり、同時に、隣人に対する愛と奉仕に身を捧げる神の僕となる。

⑦ 『**キリスト教綱要**』：カルヴァンの著作。神の絶対的主権への人間の服従が強調され、救いは神の恩恵によってあらかじめ予定されており、人間は神の栄光を実現するために奉仕するべきだと説いている。

⑧ 『**プロテスタンティズムの倫理と資本主義の精神**』：ウェーバーの著作。神の栄光を増すために禁欲的に職業に励もうとするプロテスタンティズムの倫理が、資本主義的な勤労精神の一因になったと説いている。

① 『**エセー**』：モンテーニュの著作。エセーとはフランス語で「試み」という意味。様々な書物の断片を引用し、歴史上の判断、他者の意見、自分自身の判断、考察を加えた感想文の形式をとる。

② 『**パンセ**』：パスカルの著作。パンセとはフランス語で「思考」「思想」という意味。自然における人間の位置を考え、虚無と無限、悲惨と偉大という二重性をもった人間のあり方を明らかにした。

③ 『**天体の回転について**』：コペルニクスの著作。地動説について論じたもので、没年後に出版された。

④ 『**天文対話**』：ガリレイの著作。プトレマイオスの天動説とコペルニクスの地動説について、その賛否を三人の登場人物による対話の形で論じたもの。地動説の優越性が説かれたことから、宗教裁判の原因となった。

⑤ 『**プリンキピア**』：ニュートンの著作。プリンキピアは「自然哲学の数学的諸原理」の通称・略称。物体運動と力との関係について論じた物理学書。

⑥ 『**新機関（ノヴム・オルガヌム）**』：ベーコンの著作。ノヴムはラテン語で「新」を、オルガヌムは「働くもの」をそれぞれ意味する。第1巻ではイドラ（偏見・先入見）の排除について、第2巻では帰納法について説かれている。

⑦ 『**方法序説**』：デカルトの著作。正式名称は『理性を正しく導き、学問において真理を探究するための方法の序説。加えてその試みである屈折光学、気象学、幾何学』。真理探究・学問方法を自叙伝的に述べている。

⑧ 『**省察**』：デカルトの著作。徹底した懐疑の積み重ねから、確実な知識を探究し、神の存在と心身の区別の証明を試みている。

⑨ 『**エチカ**』：スピノザの著作。エチカとはラテン語で「倫理学」という意味。神の存在（汎神論的一元論）や人間の精神などについて論じている。

① 『**戦争と平和の法**』：**グロティウス**の著作。自然法が人々を拘束するのと同様に、国際社会にも国家を拘束する自然法が存在すると主張し、国際法を基礎づけた。

② 『**リヴァイアサン**』：**ホッブズ**の著作。リヴァイアサンは『旧約聖書』に登場する海の怪獣で、同書では強大な権力をそなえた国家のあり方を意味する。

③ 『**市民政府二論（統治二論）**』：**ロック**の著作。フィルマーの王権神授説を批判し、人民主権に基づく社会契約説を唱えた。

④ 『**寛容についての書簡（寛容論）**』：**ロック**の著作。世俗的な目的をもつ国家と、魂の救済のための自由で自発的な結社である教会とを区別し、原則として為政者が信仰に干渉しないという政教分離を論じた。

⑤ 『**人間悟性論（人間知性論）**』：**ロック**の著作。人間の生得観念や言語、知識について論じたもの。

⑥ 『**人間不平等起源論**』：**ルソー**の著作。人間の自然状態を、自己愛とあわれみの情をもつ平和な状態と規定。また、人間が不平等になった原因を文明化すなわち私有財産制に求めた。

⑦ 『**社会契約論**』：**ルソー**の著作。人々は、万人と結合して共同体をつくり、個々人の私利私欲を排除して公共の利益をめざす一般意志に各人が自発的に服従することによって、真の自由を獲得することができると説いた。

⑧ 『**エミール**』：**ルソー**の著作。教育について論じたもの。青年期における精神的な自己の目覚め（「第二の誕生」）について述べられた「われわれはいわば2回この世に生まれる。1回目は存在するために、2回目は生きるために。つまり最初は人間として、次には男性、女性として生まれる」という言葉がよく知られている。

① 『**国富論（諸国民の富**）』：アダム・スミスの著作。人間の利己心に基づく活動（経済活動）が、結果的に社会全体の幸福をもたらすと説いた。

② 『**道徳感情論**』：アダム・スミスの著作。同書によれば、人間は利己的であるが、自分の行為を観察する「公平な第三者」の共感（同感、シンパシー）を得ようとする道徳感情がそなわっているため、観察者（公平な第三者）の反感を買うような行為を避けようとする自己規制が自然と働く。

③ 『**法の精神**』：モンテスキューの著作。立法・行政・司法の三権の分立を論じたことで知られる。

④ 『**百科全書**』：ディドロやダランベールらが中心となって編纂・刊行した大百科事典。

⑤ 『**哲学書簡**』『**哲学辞典**』『**寛容論**』：ヴォルテールの著作。彼はフランス啓蒙思想を代表する人物。寛容こそが「人類のもち分」であり、「われわれの愚行をたがいに許しあおう、これが自然の第一の掟である」と説いた。

⑥ 『**道徳および立法の諸原理序説**』：ベンサムの著作。人間の快楽をできるだけ増大させ、苦痛を減少させる行為が善であり、その逆が悪であるとする功利性の原理を主張。

⑦ 『**自由論**』：ミルの著作。同書によれば、人間の個性の自発的な発展のためには、政治的・経済的自由のみならず、精神・言論の自由が必要であり、他者に重大な危害を及ぼさない限り、人は自由に行動できる。

⑧ 『**永遠（永久）平和のために**』：カントの著作。戦争のない永遠（永久）平和を実現するためには、諸国家による国際的な平和機構を創設するべきであると説くとともに、常備軍は漸進的に廃止されるべきであると訴えている。

① 『**純粋理性批判**』『**実践理性批判**』『**判断力批判**』：**カント**の三批判書。『純粋理性批判』は人間の諸認識能力の源泉や限界を吟味・検討したもの。『実践理性批判』は人間の道徳的能力としての実践理性を吟味・検討したもの。『判断力批判』は人間の判断力について分析したもの。

② 『**法の哲学**』：**ヘーゲル**の著作。法の発展を弁証法的に考察し、国家が最高の人倫形態であると主張している。

③ 『**精神現象学**』：**ヘーゲル**の著作。感覚から出発して絶対知に至るまでの意識の発達段階をいくつかに分けて論じたもの。

④ 『**資本論**』：**マルクス**の著作（盟友**エンゲルス**が遺稿を整理・編集）。資本主義社会の生産・流通機構を究明するとともに、その搾取のメカニズムの解明を試みている。

⑤ 『**共産党宣言**』：**マルクス**と**エンゲルス**の共著。共産主義の歴史的勝利と人間の解放が歴史の必然であることを説いたもの。「万国のプロレタリア（労働者）、団結せよ！」という言葉でしめくくられている。

⑥ 『**種の起源**』：**ダーウィン**の著作。自然選択（自然淘汰）や生存競争、生物の変異性などの考えを中心にして、生物進化論を唱えた書。

⑦ 『**プラグマティズム**』：**ジェームズ**の著作。「いかに生活に役立つか」という観点から価値について論じた（実用主義）。

⑧ 『**民主主義と教育**』：**デューイ**の著作。民主主義社会における教育とは何かについて論じている。

⑨ 『**死に至る病**』：**キルケゴール**の著作。死に至る病とは絶望のことで、同書では人間にはどうしても解決できない根源的なものとして捉えられている。

⑩ 『**あれか、これか**』：**キルケゴール**の著作。美的実存や倫理的実存について論じながら、自己のあり方を選びとってゆく主体的な実存を説いている。

① 『**悲劇の誕生**』：ニーチェの著作。ギリシア悲劇の成立とその盛衰を、「アポロ的なるもの」と「ディオニュソス的なるもの」という対立概念を用いて論じた。

② 『**ツァラトゥストラはこう語った**』：ニーチェの著作。ツァラトゥストラとは古代ペルシアの宗教家ゾロアスターのこと。「神は死んだ」と宣言してキリスト教を否定し、それにかわる超人の思想を説く。

③ 『**哲学**』：ヤスパースの著作。実存的交わりや超越者の永遠の存在に向かって決断する実存としての自己の生成について説いている。

④ 『**存在と時間**』：ハイデッガーの著作。本来的自己を喪失しながら世間話や好奇心に心奪われている現存在としての人間について論じた。

⑤ 『**存在と無**』：サルトルの著作。無神論的実存主義の立場から論じたもの。キリスト教的存在論を否定し、人間は常に将来の可能性に向かって開かれた自由な「対自存在」であると説いている。

⑥ 『**嘔吐**』：サルトルの著作。主人公がある都市の日常的現実に嘔吐をもよおすことに気づき、そのことを通して実存の認識について探究していく哲学小説。

⑦ 『**第二の性**』：ボーヴォワールの著作。女性の解放を主張した書。同書の「人は女に生まれるのではない。女になるのだ」という言葉はよく知られている。

⑧ 『**異邦人**』：カミュの著作。人間社会に存在する「不条理」を描いた小説。

⑨ 『**孤独な群衆**』：リースマンの著作。同書によれば、現代人は孤独や不安から周囲の人々の行動に同調し、周囲の評価を基準として生きる他人指向型の性格を帯びやすい。

⑩ 『**啓蒙の弁証法**』：ホルクハイマーとアドルノの共著。彼らによれば、近代的理性は人間を野蛮から解放する「啓蒙的理性」であると同時に、自然・人間を規格化し管理・操作する「道具的理性」でもある。

① **『自由からの逃走』**：フロムの著作。同書によれば、ナチズムが台頭したのは、大衆社会の中で孤独感と無力感にとらわれ自由を重荷と感じるようになっていった人々が、権威をもつカリスマ的な人物や組織に服従することを求めるようになり、ついには重要な決定を自ら放棄してしまったからである。

② **『公共性の構造転換』『コミュニケーション的行為の理論』**：ハーバーマスの著作。彼は、貨幣と権力を中心とする経済や政治・行政システムによって、人間の生活世界が支配されていると批判した。そして、こうした事態を「システムによる生活世界の植民地化」と呼び、これに対抗するためには、「対話的理性（コミュニケーション的合理性）」を発展させることが必要だと論じた。

③ **『狂気の歴史』『監獄の誕生』**：フーコーの著作。彼は、西洋近代社会の成立過程を批判的に考察し、権力が知識と結びつき、人間の思考を無意識のうちに支配する「知の構造」が形成されることを解明した。彼によれば、近代以降の西洋文明は、社会の規範から逸脱したものを非理性的な「狂気」として排除し、人間の理性を絶対視してきたという。

④ **『人間の条件』**：アーレントの著作。人間の行為を「労働」「仕事」「活動」の三つに類型化し、その中でも「活動」は、人間に最もふさわしい自由な行為であると説いた。

⑤ **『全体主義の起源』**：アーレントの著作。ナチズムやスターリニズムなどに見られた全体主義の発生とその原因について考察したもの。

⑥ **『全体性と無限』**：レヴィナスの著作。人間の主体性や倫理的なあり方について思索を深めた書。彼によれば、人は、自己を無限に超越し、自己の内面的世界を突破して迫ってくる他者の「顔（ヴィザージュ）」と出会い、その「汝殺すなかれ」という倫理的呼びかけに応え、他者を迎え入れ、その苦痛に責任をもつとき、暴力的ではない倫理的な主体となりうる。

① 『夢判断』『精神分析学入門』：フロイトの著作。彼は、夢を手がかりに人間の心の奥底にひそむ深層心理の解明を試みた。

② 『夜と霧』：フランクルの著作。アウシュヴィッツ強制収容所に送られた自らの体験をもとに、収容所内での囚人の生活や苦悩を書き記したもの。ナチスのユダヤ人虐殺の非人間性を告発するとともに、どのような極限状況でも人間としての尊厳を失わずに生きた勇気ある人々について書かれている。

③ 『野生の思考』：レヴィ・ストロースの著作。アマゾンの諸部族の中に、自然環境における様々な具体的な生物や事物を一定の記号体系のもとに捉える「野生の思考」が存在することを見いだし、その精密さや厳密性は、西洋人が誇る科学的な思考に比べて少しも劣るところはないと主張。

④ 『オリエンタリズム』：サイードの著作。西洋近代社会は、東洋（オリエント）を、自分たちとは正反対の後進的でエキゾチックな他者と見なすことで、逆に先進的で文明化された西洋の自己像をつくり上げたと主張。彼は、こうした思考を「オリエンタリズム」と呼んで批判した。

⑤ 『正義論』：ロールズの著作。社会契約説の方法を用いながら「公正としての正義」を提唱した。

⑥ 『貧困と飢餓』『不平等の経済学』『人間の安全保障』：アマルティア・センの著作。彼によれば、真の豊かさ（福祉）は各人が自ら価値があると考える生き方を選びとる「生き方の幅」、すなわち「潜在能力（ケイパビリティ）」がどの程度あるのかによって評価されるべきものである。また彼は、国連の「人間の安全保障」委員会の有識者委員となったことでも知られる。

⑦ 『沈黙の春』：カーソンの著作。農薬や殺虫剤の大量使用による生態系の破壊を警告したもの。

問題演習③

問1 次の文章は、ピコ・デラ・ミランドラが人間の尊厳について述べた言葉の一部である。文章中の空欄　X　に入る語句を考え、その語句を入れた際に正しい解説となる文として適当なものを、下の①〜④のうちから二つ選べ。ただし、解答の順序は問わない。

> 他のものたちの本性は定められており、われわれが前もって定めた法則によって制限されている。しかし、お前（人間）はどんな制限にも服していないため、お前は、私がお前を委ねることにした　X　によって、自分のためにお前の本性を定めることになるのだ。
>
> （ピコ・デラ・ミランドラ『人間の尊厳について』より）

① エラスムスは、人文主義の立場から人間の　X　を否定し、神に従うことを説いた。

② アウグスティヌスは、　X　によって悪に傾かざるをえない人間の姿を捉え、神の恩寵に頼ることを説いた。

③ スピノザは、人間の　X　を否定し、世界をつらぬく必然性を認識することを説いた。

④ マキャヴェリは、運命に抗しようとする　X　を尊重し、君主の倫理的徳に基づく統治を説いた。

（2018年度共通テスト「試行調査」）

問1 解答　②・③

　　X に入る語句は「**自由意志**」である。ピコ・デラ・ミランド
ラは、演説草稿『**人間の尊厳について**』において、人間は自らの自
由意志によって、神に近い存在にも、禽獣のような存在にもなるこ
とができると説いた。すなわちピコは、人間だけが自らの意志で自
己のあり方を自由に決定することができ、このことが人間の尊厳の
根拠であると論じた。

　①不適当。**エラスムス**は人間の自由意志を肯定的に捉えたこと
から、「人間の X を否定」したとする記述は誤り。エラスムス
は、人が神の恩寵に応えることができるのは、人間に自由意志があ
るからだと論じた。

　②適当。**アウグスティヌス**は、人間の自由意志を否定的に捉え
た。アウグスティヌスによれば、原罪を負った人間の自由意志は、
悪をなしてしまうものにすぎない。人間は自ら善をなす自由を欠い
ており、神の恩寵によらなければ、善を志すこともできず、救われ
ることもない。

　③適当。**スピノザ**もまた、人間の自由意志を否定的に捉えた。ス
ピノザは、神を唯一の実体とし、自然は神のあらわれである（**神即
自然**）とする汎神論を説いたことで知られる。

　④不適当。**マキャヴェリ**が「運命に抗しようとする自由意志を
尊重」したとする説明は適当だが、「君主の倫理的徳に基づく統治
を説いた」という説明は誤り。マキャヴェリは、『**君主論**』におい
て、道徳的・倫理的にすぐれていることで人々から愛される君主よ
りも、統治のためにはいかなる手段も用いることのできる君主のほ
うが統治者としてふさわしいとし、君主に必要な能力として、「キ
ツネのずるがしこさとライオンの強さ」を挙げた。

問題演習③

....

問2 次の文章は、人間の認識をめぐるカントの思想の説明である。文章中の a ～ c に入れる語句の組合せとして正しいものを、下の①～⑧のうちから一つ選べ。

> カントは、イギリスの経験論と大陸の a の二つの立場を統合して、人間の認識の仕組みを説明したとされる。外界にある対象の認識に際して、 b を通じてもたらされるものは、ばらばらの素材にすぎず、そのままでは理解できない。そこで、 c を用いる能力である悟性が、論理的な枠組みや形式（カテゴリー）に従い、それらの素材を、我々が理解できるように整理し、秩序づける。このように、カントは、人間の認識は諸能力の協働によって成り立っていると考え、特に我々が美を捉えようとする際には、諸能力が優劣なく互いに調和していることに着目し、その様子を「自由な遊び」と表現した。

	a	b	c
①	唯物論	感 覚	概 念
②	唯物論	感 覚	直 観
③	唯物論	情 念	概 念
④	唯物論	情 念	直 観
⑤	合理論	感 覚	概 念
⑥	合理論	感 覚	直 観
⑦	合理論	情 念	概 念
⑧	合理論	情 念	直 観

（2018年度センター本試験改）

問2 解答　⑤

　　a　には「合理論」が、　b　には「感覚」が、　c　には「概念」が、それぞれ入る。

　カントは、人間の認識の仕組みを感性と悟性の協働として説明することにより、**経験論**と**合理論**の二つの立場を統合しようとした。彼によれば、人間の認識能力には、**感性**と**悟性**があり、両者がそれぞれの役割を果たすことで、認識が成立する。すなわち、人間の認識は、視覚や聴覚といった**感覚**（感性）によって得られた経験的な素材を、理性が先天的に有している思考の枠組み、言い換えれば**概念**を用いる能力（悟性）によって秩序づけることで成立する。このようにカントは、感性と悟性の協働として認識の成立を説明することにより、経験論と合理論の二つの立場を統合した。

　なお、選択肢にある「**唯物論**」とは、物質の根源性を主張する（宇宙の根源は物質にあると説く）立場。**観念論**と根本的に対立する概念である（カントは観念論の哲学者に数えられている）。

　・**観念論**→精神（意識）が世の中（存在）を変える。
　　例：**ヘーゲル**の思想
　・**唯物論**→物質（存在）が世の中（意識）を変える。
　　例：**マルクス**の思想

問題演習③

問3 次のア〜ウは、社会のあり方について思索を深めた人物についての記述である。それぞれ誰についての記述であるか。その組合せとして正しいものを、下の①〜⑧のうちから一つ選べ。

ア　言語による意思疎通を行うことで公共的な空間を構築していくあり方、すなわち「活動」こそが民主的な社会の維持・発展にとって不可欠であり、全体主義は、このような公共的な空間を崩壊させたと論じた。

イ　近代の哲学は、世界全体を大きな思想の枠組みに当てはめて解釈しようとする「大きな物語」であるとし、それは、社会全体を支配し、他の思想を排除する全体主義をもたらす危険を伴うと論じた。

ウ　エラン・ヴィタール（生の躍動）を根源にもつ生命の創造的進化の流れは、よそ者の集団を敵視して排除する「閉じた社会」から、人類を同胞として受け入れる「開いた社会」へと向かうものであると説いた。

① ア：アーレント　　イ：スペンサー　　ウ：デリダ
② ア：アーレント　　イ：スペンサー　　ウ：ベルクソン
③ ア：アーレント　　イ：リオタール　　ウ：デリダ
④ ア：アーレント　　イ：リオタール　　ウ：ベルクソン
⑤ ア：ヴェイユ　　　イ：スペンサー　　ウ：デリダ
⑥ ア：ヴェイユ　　　イ：スペンサー　　ウ：ベルクソン
⑦ ア：ヴェイユ　　　イ：リオタール　　ウ：デリダ
⑧ ア：ヴェイユ　　　イ：リオタール　　ウ：ベルクソン

問3 解答　④

ア：アーレントについての記述。アーレントは、人間の行為を、生命を維持するための**労働**、生活用具や芸術作品を制作する**仕事**、言語により人間同士の意思疎通がなされる**活動**に区別し、このうち「活動」によって民主的社会の維持・発展に不可欠である公共的な空間が生み出されると主張した。その上で、**全体主義**の罪は、この公共的空間を崩壊させたことにあると論じた。なお、ヴェイユは、『工場日記』を著したことで知られる。

イ：リオタールについての記述。リオタールは、世界全体を、理性や進歩など、大きな思想の枠組みに当てはめ、歴史を一つの方向性によって解釈する近代哲学を「**大きな物語**」と呼んで批判した。彼によれば、多様な価値観が共存する現代の世界の中では、生命倫理や女性解放運動など、具体的・個別的な状況で思索する「**小さな物語**」と呼ばれる思想が必要である。なお、スペンサーは、**社会進化論**を提唱したことで知られる。

ウ：ベルクソンについての記述。**エラン・ヴィタール（生の躍動）**とは、宇宙における生命の創造的な活動を意味する。ベルクソンによれば、人間はエラン・ヴィタールを自己の中に感じとることによって「**開かれた魂**」（家族や国家の枠を超え、人類に開かれた普遍的な人類愛）のもち主へと進化する。そして、宇宙における生命の創造的進化の流れが、集団の防衛本能に基づく閉鎖的な「**閉じた社会**」を、人類を同胞として受け入れる「開かれた魂」のもち主からなる「**開いた社会**」への進化をもたらすと説いた。なお、デリダは、言葉や概念を用いる際の二項対立図式のうちに、西洋哲学の伝統的な形而上学的傾向を見いだし、そのような思考を揺り動かす**脱構築**を唱えたことで知られる。

第 **4** 章

日本思想

問1 次の枠内の記号（A～I）を、下の番号（①～⑨）に合致させよ。

A．最澄	B．空海	C．空也	D．源信	E．鑑真
F．行基	G．一遍	H．役小角（えんの おづぬ）	I．聖徳太子（厩戸皇子）	

① 十七条憲法を定めたり、『三経義疏（さんぎょうぎしょ）』を著したとされる人物。

② 中国の高僧。幾度の困難を乗り越え渡日した。東大寺に戒壇（かいだん）を設けて授戒制度を整えた他、唐招提寺を建立したことでも知られる。

③ 私度僧（しどそう）を率いて諸国をめぐり、民衆のための築堤事業や架橋工事などを指導しつつ布教活動を行った。東大寺の大仏造立（ぞうりゅう）にも加わった。

④ 奈良時代の山岳修行者。修験道の開祖。

⑤ 日本天台宗の開祖。法華経の一乗思想（法華一乗思想）を説いた。主著に『山家学生式（さんげがくしょうしき）』がある。

⑥ 密教を学び、真言宗を広めた人物。即身成仏の思想を説いた。主著に『三教指帰（さんごうしいき）』『十住心論（じゅうじゅうしんろん）』がある

⑦ 諸国を遊行し阿弥陀（あみだ）信仰と念仏の功徳（くどく）を庶民に広めた。貧民や病人の世話をしたことから「市聖（いちのひじり）」「阿弥陀聖」とも呼ばれた。

⑧ 『往生要集（おうじょうようしゅう）』を著し、末法思想と浄土信仰を人々に広めた。

⑨ 時宗（じしゅう）の開祖。全国を遊行し、念仏を称えながら踊る踊り念仏を広め、「捨聖（すてひじり）」とも呼ばれた。

問1 解答

①Ｉ　②Ｅ　③Ｆ　④Ｈ　⑤Ａ　⑥Ｂ　⑦Ｃ　⑧Ｄ　⑨Ｇ

しっかりと区別　行基・空也・一遍

行基…奈良時代　各地をまわり布教と社会事業を展開。
　　　　　　　　東大寺の大仏造立にも加わった。
空也…平安時代　各地をまわり**浄土教**や念仏を広めた。
　　　　　　　　「**阿弥陀聖**」「**市聖**」と呼ばれた。
一遍…鎌倉時代　各地をまわり念仏を広めた**時宗**の開祖。
　　　　　　　　「**遊行上人**」「**捨聖**」と呼ばれた。

・行基、空也、一遍の３人は、活躍した時代こそ違うが、諸国を遍歴した点や**聖**として慕われた点など、いくつかの共通点が見られる。

・行基は、**私度僧**（公的な手続を経ずに民間布教を行う僧）を率いて諸国をまわり、各地で造寺の他築堤や架橋に携わりながら布教に尽くしたとされる人物。こうした事績から彼は**聖**として慕われ、「**行基菩薩**」とも呼ばれた。国家の統制を無視した民衆への布教活動や、様々な社会事業を行っていた行基らに対して、朝廷は当初、弾圧を加えることもあった。しかし、後に朝廷は、行基を大僧正に任じ、東大寺の大仏造立にも加えた。

・空也は、諸国を遍歴・遊行して阿弥陀仏信仰を説くとともに、貧民や病人の世話をしたと伝えられる人物。こうした事績から彼は「**阿弥陀聖**」「**市聖**」と呼ばれた。また、空也が始めたといわれる念仏に**踊念仏**がある。踊念仏は、鉦を鳴らしたり瓢箪をたたき、念仏を称えながら踊ることで死霊の鎮魂をなすもので、今日の盆踊りの源流とされる。

・一遍は、**時宗**の開祖として知られる人物。全国を遊行した一遍は、「南無阿弥陀仏、決定往生、六十万人」と書いた念仏札を人々に配り、**踊念仏**を広めた。こうした事跡から彼は「**遊行上人**」と呼ばれた。また、一遍は生活にかかわる一切の束縛を捨て去ったことから、「**捨聖**」とも呼ばれた。

問2 次の枠内の記号（A ～ G）を、下の番号（①～⑦）に合致させよ。

A．法然　　　B．親鸞　　　C．日蓮　　　D．栄西
E．道元　　　F．明恵　　　G．蓮如

① 浄土宗を開いた人物。専修念仏による他力信仰を説く。著作に『選択本願念仏集』がある。

② 浄土真宗の開祖。「善人なをもて往生をとぐ、いはんや悪人をや」と説いたことで知られる（悪人正機説）。著作に『教行信証』がある。

③ 日本の臨済宗の開祖。著作に『興禅護国論』がある。

④ 日本の曹洞宗の開祖。人は「みな仏法の器」であると説き、自力修行の道（只管打坐にうち込み、身心脱落の境地を実現する道）を重視した。

⑤ 『法華経』が興隆すれば、災いが払われ、社会の安穏が実現するとし、『立正安国論』を北条時頼に献じようとした人物。

⑥ 華厳宗の僧（華厳宗は南都六宗の一つで、奈良県東大寺を総本山とする）。悟りよりも救いを重視する阿弥陀仏信仰や専修念仏のあり方は、仏教の根本である菩提心を否定するものだとして厳しく批判した（特に浄土宗を批判）。

⑦ 浄土真宗の僧。室町時代に教団組織（浄土真宗の本山・本願寺）の拡大に努めた人物。

問2 解答

①A ②B ③D ④E ⑤C ⑥F ⑦G

▶ 重点的に復習 親鸞（しんらん）

- 親鸞は、**浄土真宗**の開祖とされる人物。阿弥陀仏による衆生（しゅじょう）救済の誓い（弥陀の本願）をひたすら信じ、それにすべてを任せる**絶対他力**の信仰を説いた。親鸞によれば、念仏も含めすべては仏の誓いのおのずからなる働きである（**自然法爾**（じねんほうに））。

- 親鸞の悪人正機の思想（**悪人正機説**）とは、「善人なをもて往生をとぐ、いはんや悪人をや」（善人でさえ浄土に往生できるのだから、まして悪人が往生できないはずはない）という考え方である。ここにいう悪人とは、悪事を働く人という意味ではなく、自分の罪深さや無力さを自覚して絶望している人をさす。親鸞は、阿弥陀仏はそうした煩悩を自覚している悪人こそを哀れみ救おうとしているとして、悪人こそ阿弥陀仏の本来の救いの対象であると説いた。

▶ 重点的に復習 道元（どうげん）

- 道元は、比叡山で学んだ後、中国（宋）へ渡って**禅**を学び、日本に**曹洞宗**を伝えたことで知られる。彼が広めた曹洞宗の禅の特色は、看話（かん）や念仏を排して、ただひたすら無想無念の坐禅にうち込むあり方（**黙照禅**）にある。そして、道元は、坐禅は静坐黙想に限られるものではなく、**行住坐臥**（ぎょうじゅうざが）、すなわち洗面や掃除など、日常の行為の一つひとつが坐禅の修行に通じると説いた。

- 道元は、日常生活のすべてが坐禅に通じる修行の場であり、こうした修行に努めることによって、一切の執着から解き放たれた境地（**身心脱落**）に至ると説いた。彼によれば、一切の雑念を捨ててひたすら坐禅の修行にうち込むこと（**只管打坐**）は、悟りを得るための単なる手段ではない。坐禅の修行にうち込むことそのものが悟りの体得（証）である（**修証一等**（しゅしょう））。

31 江戸時代の思想①

問3 次の枠内の記号（A〜M）を、下の番号順（①〜⑬）に合致させよ。

A．藤原惺窩　　B．林羅山　　C．山崎闇斎　　D．新井白石
E．熊沢蕃山　　F．雨森芳洲　　G．中江藤樹　　H．貝原益軒
I．鈴木正三　　J．木下順庵　　K．西川如見　　L．室鳩巣
M．大塩平八郎

① 朱子学を幕府の官学とする基礎を築いた人物。『春鑑抄（しゅんかんしょう）』を著し、「天は高く地は低し、上下差別あるごとく、人にもまた君は尊く、臣は卑しきものぞ」と述べ、封建的な身分秩序を自然の理として正当化した（上下定分の理）。

② 「近世朱子学の祖」と呼ばれる人物。はじめは禅僧であったが、仁や義を無視する現世否定的な仏教に疑問を抱き、還俗して儒学者となった。徳川家康に儒学を講義したが、自らは仕官せず、弟子の①の人物を推挙した。

③ 朱子学者。『西洋紀聞（きぶん）』を通じて西洋の知識を紹介した他、文治政治を推進した。

④ 朱子学者。『養生訓（ようじょうくん）』において、日常生活における飲食やふるまいのあり方を説くことを通じて、人が自らの身体を自ら配慮し管理することが天地と人との相互依存関係においていかに大切かを論じた。

⑤ 朱子学者・神道家。天皇は天帝であり、現人神（あらひとがみ）であり、これを敬うことで人心も世も治まるという垂加神道（すいかしんとう）を説いた。

⑥ 朱子学者。対馬藩に仕え、朝鮮との外交を担当したことで知られる。「誠信之交（せいしんのまじわり）」を説き、異文化への積極的理解に努めた。

⑦ 朱子学者。徳川綱吉に仕えた他、教育者としてもすぐれ、新井白石や室鳩巣（むろきゅうそう）ら、多くの逸材を輩出した。

⑧　朱子学者。徳川吉宗に仕えた。赤穂浪士討ち入り事件では荻生徂徠（おぎゅうそらい）と対立、浪士らを「士道宣揚の鑑（かがみ）」として称揚し、武士の主従関係における義を重んじる立場に立った。

⑨　**「近江聖人」**とあおがれた人物。あらゆる道徳の根源としての孝（こう）を重んじ、武士だけでなくすべての人間の実践すべき道徳を説いた。陽明学の実践的な思想に深い共感を覚えるようになり、正と不正、善と悪を判断する能力である良知（りょうち）を発揮し、その行いにあらわすこと（知行合一（ちこうごういつ））が大切であると説いた。著作に『**翁問答（おきなもんどう）**』がある。

⑩　陽明学者。岡山藩に仕え、**「治国平天下（ちこくへいてんか）」**という儒学の理念を、治山治水などの政策に具体化して藩政に活かそうとしたことで知られる。

⑪　陽明学の説く知行合一に学び、天保の飢饉の際には、民を救うため幕府に対して反乱を起こしたことで知られる人物。

⑫　徳川家に仕えた禅僧。旧来の仏教の隠遁（いんとん）的な傾向を批判し、「何の事業も、皆仏行なり」と述べ、あらゆる職業において仏の働きがあらわれていると説いた（**職分仏行説**）。また、武士道精神を加味した禅と勇猛心を強調したことでも知られる（仁王禅）。著作に『**万民徳用（ばんみんとくよう）**』がある。

⑬　天文・地理学者。『**町人嚢（ちょうにんぶくろ）**』を著し、質素倹約に努めて暮らす町人の生き方を積極的に捉えた。

第**4**章 日本思想

問3 解答

①B　②A　③D　④H　⑤C　⑥F　⑦J　⑧L　⑨G　⑩E
⑪M　⑫I　⑬K

問4 次の枠内の記号（A～I）を、下の番号（①～⑨）に合致させよ。

A. 太宰春台　　B. 山本常朝　　C. 青木昆陽　　D. 山鹿素行
E. 伊藤仁斎　　F. 杉田玄白　　G. 緒方洪庵　　H. 荻生徂徠
I. 高野長英と渡辺崋山

---

① 『葉隠』の「武士道といふは、死ぬことと見付けたり」という言葉は、この人物のものと伝えられる（武士の心得について論じた人物）。

② 古学を提唱した人物で、農工商の三民の道徳的な手本（師表）としての武士のあり方（士道）を説いたことで知られる。著作に『聖教要録』がある。

③ 古義学を提唱した人物で、『論語』を「最上至極宇宙第一の書」として格別に尊重したことで知られる。著作に『童子問』『語孟字義』がある。

④ 古文辞学を提唱した人物。学問の目的は古代の聖人が立てた道（先王の道）に基づいて、世を治め、民を救うこと（経世済民）にあると説いた。著作に『弁道』『弁名』『政談』がある。

⑤ 古文辞学派の人物（荻生徂徠に入門）。経世済民を重視する徂徠の説を継承・発展させた。著作に『経済録』がある。

⑥ 蘭学者。オランダの解剖書『ターヘル・アナトミア』の内容や解剖図の正確さに驚嘆し、またそれを前野良沢らとともに翻訳して『解体新書』を出版した。蘭学創始期の回想録『蘭学事始』を著したことでも知られる。

⑦ 蘭学者。医学を学んだ他、蘭学塾・適塾を開き、福沢諭吉や大村益次郎ら時代を担う人材を育成した。

⑧ 蘭学者。享保の飢饉で苦しむ民衆を救うため、『蕃藷考』を著して、甘藷（さつまいも）栽培の普及に努めた。

⑨ 西洋研究を行う尚歯会（蛮社）を結成したことで知られる人物。幕府の鎖国政策を批判したため、弾圧された（蛮社の獄）。

問4 解答

①B ②D ③E ④H ⑤A ⑥F ⑦G ⑧C ⑨I

◆ しっかりと区別 古学派（山鹿素行・伊藤仁斎・荻生徂徠）

> 山鹿素行……**古学**を提唱。**士道**。
> 伊藤仁斎……**古義学**を提唱。**仁愛・誠・忠信**。
> 荻生徂徠……**古文辞学**を提唱。**先王の道・経世済民**。

・山鹿素行は、朱子学が日常の倫理を離れ、ともすれば抽象的な理論に陥ることに不満をもつに至った。そして『聖教要録』を著し、「周公・孔子を師として、漢・唐・宋・明の諸儒を師とせず」と述べ、朱子学を批判して**古学**を提唱した。また彼は、戦国時代の気風を残したそれまでの武士道（弓馬の道）を批判し、武士が農・工・商の三民の道徳的な師表（模範）として人倫の道を実現する必要があるとする**士道**を説いた。

・伊藤仁斎は、儒教の本来の精神に立ち返るために、後世の主観的な解釈をしりぞけて、「孔子・孟子の教え」の本来の意味・精神（古義）を、実証的に解読することをめざす**古義学**を提唱した。また、孔子・孟子の教えの中心となる精神が**仁愛**であると考えた。そして、道徳の根本として**誠**（真実無偽の心情）を重視するとともに、日々日常で努めるべきものとして**忠信**（他者に対する心情の真実さ）の大切さを説いた。

・荻生徂徠は、古代中国の聖人（王）が著した古典や古文辞（古代中国の文章・言語）を、当時の文章・言語の意味を通じて理解しようとする**古文辞学**を唱えた。そして、孔子の教えを理解するためには、古代中国の制度や文献を実証的に研究する必要があると主張した。彼によれば、六経（『詩経』『書経』『易経』『春秋』『礼記』『楽経』）に説かれる古代中国の聖人が定めた**先王の道**（政治や制度）こそが、儒学の道であり、学問の目的は世を治め民を救うこと（**経世済民**）にある。

問5 次の枠内の記号（A～H）を、下の番号（①～⑧）に合致させよ。

A．平田篤胤	B．賀茂真淵	C．富永仲基	D．荷田春満
E．本居宣長	F．三浦梅園	G．契沖	H．山片蟠桃

① 真言宗の僧で、国学の先駆者とされる。著作に『**万葉代匠記**』がある。

② 国学者。日本の古道を「惟神の道（かんながら）」として捉えた。また、「もののあはれ」に文芸の本質、さらには日本人の生き方の本質を見いだした。著作に『**古事記伝**』『**源氏物語玉の小櫛**』『**玉勝間**』がある。

③ 国学者。『万葉集』から古来の日本人の素朴で力強い精神（高く直き心）や、男性的でおおらかな歌風（ますらをぶり）を見いだした。著作に『**国意考**（こくいこう）』『**万葉考**』がある。

④ 京都の伏見稲荷神社の神官の子としても知られる国学者。『日本書紀』神代（しんだい）巻の研究を通じて、古代の神の教えを明らかにしようとした。

⑤ 江戸末期の国学者。従来の神道に混在していた仏教や儒学を排除し、古道と神道とを結びつけた独自の**復古神道**を説いた。また、人の魂は死後もこの世にとどまり、人々を見守り続けるという独自の霊魂観を展開した。著作に『**霊能真柱**（たまのみはしら）』がある。

⑥ **懐徳堂**（町人によって大坂に創設された塾）に学んだ町人出身の学者。合理的な思想を展開し、迷信・霊魂・神の存在を否定する**無鬼論**をはじめとする唯物論を展開。

⑦ **懐徳堂**に学んだ町人学者。仏教・儒教・神道の教えが歴史的に成立した過程を明らかにすることを重視した。彼によれば、後世の思想は前の時代の思想に新しいものを付け加えることによって展開される（**加上説**）。

⑧ **条理学**を説いた思想家。観察・実験を重視し、自然には**条理**（法則）がそなわっているとし、和洋折衷の宇宙論を展開。著作に『**玄語**』がある。

問5 解答

①G ②E ③B ④D ⑤A ⑥H ⑦C ⑧F

> **しっかりと区別** 国学者（賀茂真淵・本居宣長）

> 賀茂真淵…「**ますらをぶり**」を評価。**高く直き心**。
> 本居宣長…「**たをやめぶり**」を評価。**惟神の道**・「**もののあはれ**」。

・賀茂真淵は、『万葉集』の歌風を男性的でおおらかな「**ますらをぶり**」と捉え、そこに、天地自然にかなった、素朴で力強い「**高く直き心**」という古代日本人の理想的精神を見いだした。そして彼は、『**国意考**』を著し、堅苦しく理屈っぽい儒教道徳に基づく統治のあり方を批判的に捉え、素直で和らぎの心をもった日本人本来の精神（国意）に戻って国を治めるべきだと主張した。

・本居宣長は、私心を捨てて素直に従う日本固有の道（**惟神の道**）について論じた。彼によれば、「古道」「神の道」ともいわれるこの道は、人為的につくられた儒教道徳や仏教の悟りとは異なり、神によって創始され、天皇によって受け継がれてきた道である。この道は、理屈によって理解できるものではなく、理屈にとらわれない、ありのままの心（**真心**＝「よくもあしくも生まれつきたるままの心」）によって見いだされる。

・本居宣長は、『源氏物語』や『古今和歌集』に見られる女性的でやさしい歌風を「**たをやめぶり**」と捉えた。彼によれば、悲しむべきことを悲しみ、喜ぶべきことを喜ぶ心の動きこそが、人間本来の真心の働きであり、この感情の揺れ動きにおいて、人は正しく事物のあり方を捉えることができる。本居宣長は、物事に触れたときの感情の動きを「**もののあはれ**」と呼び、和歌や物語の本質はこの「もののあはれ」にあるとした。

・本居宣長は、賀茂真淵と同じように、儒学や仏教に感化された理屈っぽい精神を**漢意**と呼んで批判した。そして、理屈では説明できない真心を重視し、人間の感情や欲望を肯定するとともに、物事を素直に甘受する生き方を尊重した。

問6 次の枠内の記号（A〜I）を、下の番号（①〜⑨）に合致させよ。

A．二宮尊徳　　B．**井原西鶴**　　C．吉田松陰　　D．佐久間象山

E．**横井小楠**　　F．安藤昌益　　G．石田梅岩　　H．**近松門左衛門**

I．会沢正志斎

① 浮世草子の作家。『好色一代男』『好色一代女』『日本永代蔵』などの作品を生み出した。

② 浄瑠璃・歌舞伎の脚本作家。『曾根崎心中』『心中天網島』『国姓爺合戦』などの作品を生み出した。

③ **心学（石門心学）**を開き、日常生活での道徳の実践を説いた人物。その平易な講話は、町人層に広く受け入れられた。

④ 『**自然真営道**』を著し、**万人直耕**の平等な**自然世**を理想視した。

⑤ 小田原藩などで次々と農村復興に貢献した農政家。彼の語録として『**二宮翁夜話**』がある。

⑥ 水戸徳川家の家臣で、藤田東湖らとともに後期水戸学を代表する人物。**尊王攘夷論**を説いて幕末の志士たちに大きな影響を与えた。

⑦ 『省諐録』において、「東洋道徳、西洋芸術、精粗遺さず、表裏兼該し、因りてもって民物を沢し、国恩に報ゆる」と述べ、**和魂洋才**を主張した人物。

⑧ 「堯舜孔子の道を明らかにし、西洋器械の術を尽くさば、何ぞ富国に止まらん」と述べ、**和魂洋才**を主張した人物。

⑨ 藩の枠や身分の違いを超えて主君である天皇のもとにすべての民衆が結集すべきとする**一君万民論**を主張した人物。彼が主宰した**松下村塾**は、高杉晋作・伊藤博文・山県有朋など幕末から明治にかけて活躍する多くの門人を輩出した。

①B　②H　③G　④F　⑤A　⑥I　⑦D　⑧E　⑨C

重点的に復習 石田梅岩・安藤昌益・二宮尊徳

・**石門心学**を創始した石田梅岩は、『都鄙問答』を著し、いやしいものと見なされがちな町人の営利活動について、「商人の買利は士の禄に同じ」と述べ、商業活動による利益の追求を天理にかなう正当な行為として肯定した。そして、正当な方法で利益をあげる**正直**と、世間の富を大切にする**倹約**、家業に励む**勤勉**とが、町人の社会的責任を果たす道であると説いた。

・石田梅岩は、「まことの商人は先も立ち、我も立つことを思ふなり」と述べ、商業活動を人々が互いに活かし合うものであると捉えた。また彼は、万人平等の意識をもちながらも士農工商という身分秩序を職業の別による社会的分業と捉え、**知足安分**を説いた。

・安藤昌益は、上下貴賤の差別のない理想社会は、すべての人間が農耕に従事して衣食住を自給する**万人直耕**の**自然世**であると説いた。そして、自分で直接に農耕に従事せず、農民の耕作したものをむさぼる武士などを「**不耕貪食の徒**」と呼んで非難するとともに、武士の支配する差別と搾取に満ちた世の中を「**法世**」と呼んで批判した。

・二宮尊徳は、「農は万業の大本である」と主張して農民に誇りをもたせ、農民の自己変革を通じて農村を復興させようと努めた人物。彼によれば、農業は**天道**（天地自然の営み）と、それを制御し利用する**人道**（人間の働き）とがあいまって成り立つ。そして、人道の根本は**分度**（自らの経済力に応じた節度ある生活設計をたてること）と**推譲**（倹約によって生じた余剰を他人や子孫・将来世代に譲ること）である。天地や他者（親など）から与えられた恩に報いるべきだとする彼の思想は、「**報徳思想**」と呼ばれる。

問7 次の枠内の記号（A～H）を、下の番号（①～⑧）に合致させよ。

A. 福沢諭吉　B. 森有礼　　C. **加藤弘之**　D. 植木枝盛
E. 中村正直　F. **津田真道**　G. 西周　　H. 中江兆民

---

① **明六社**の設立にかかわった人物。『明六雑誌』において「妻妾論^{さいしょう}」
   を発表し、封建的な一夫多妻を野蛮な制度として批判し、男女対等
   の契約に基づく一夫一婦制を提唱した。

② **明六社**に参加。適塾で学び、江戸に蘭学塾を開くも、やがて英学に
   転じる。欧米への視察旅行の体験に基づいて『**西洋事情**』などを著
   し、西洋の文化や思想を紹介した他、慶應義塾を創始したことでも
   知られる。

③ **明六社**に参加。ミルの『自由論』を『**自由之理**』と題して翻訳・出
   版した。

④ **明六社**に参加。西洋哲学の移入・紹介に尽力し、「哲学」「主観」
   「客観」「理性」「帰納」「演繹」など多くの哲学用語を考案した。

⑤ **明六社**に参加して天賦^{てんぷ}人権論を説く。しかし、後に『人権新説』を
   著して優勝劣敗・生存競争に基づく国家社会の進化を論ずるように
   なり、天賦人権論を批判する立場に転じていった。

⑥ **明六社**に参加。幕末期に西周とともにオランダに留学。維新後は法
   学者として政府に仕え、刑法をはじめ各種の立法に尽力。

⑦ **自由民権運動**に奔走し、主権在民を説いた人物。「**東洋大日本国国
   憲按**」と題した私擬憲法（民間の憲法草案）を発表したことが有名。

⑧ **自由民権運動**に理論的影響を与えた人物。ルソーの『社会契約論』
   を『**民約訳解**』と題して翻訳・紹介し、「東洋のルソー」と呼ばれた。
   晩年は、1年半と宣告された余命の中で『**一年有半**』『**続一年有半**』
   を執筆し、無神・無霊魂に基づく独自の哲学（唯物論哲学）を展開
   した。

① B　② A　③ E　④ G　⑤ C　⑥ F　⑦ D　⑧ H

▶ 重点的に復習 福沢諭吉

　豊前中津藩（大分県）の下級武士の家の出身である福沢諭吉は、「**門閥制度は親の敵で御座る**」と述べるなど、封建的身分秩序に対する批判精神を生涯もち続けたとされる。また彼は、人間は生まれながらに自由・平等の権利をもつとする西洋の自然権思想に強く惹かれるとともに、自然権思想を「天」という東洋的な思想を用いて説いたとされるのが、彼の天賦人権論である。『**学問のすゝめ**』において「**天は人の上に人を造らず、人の下に人を造らずと云へり**」と語ったことはよく知られている。また彼は、「**人は生れながらにして貴賤貧富の別なし。ただ学問をつとめて物事をよく知る者は貴人となり富人となり、無学なる者は貧人となり下人となるなり**」と述べ、貧富の差などの不平等は学問の有無によって生まれると論じている。

　福沢諭吉は、人間の平等を基盤とする西洋文明は、人類の窮極の文明ではないにしても、日本が目標とすべき文明だと主張した。そして、東洋の儒教主義と西洋の文明主義との比較の中で「**東洋になきものは、有形において数理学**（＝実学）**と、無形において独立心と、此の二点である**」と述べ、合理的・実利的な学問とともに、独立自尊の精神の必要性を訴えた。彼によれば、独立自尊の精神（他人や政府に依存せず、自ら判断し、自主独立の生活を営もうとする精神）を身につけるためには、まず学問に励むことが大切である。その学問とは、「**人間普通日用に近き実学**」、すなわち読み書き、算盤（そろばん）、地理学、物理学、経済学などのことである。

　福沢諭吉によれば、独立自尊の精神は、単に個人のものにとどまらず、西洋列強に植民地化されることのない国家の独立を可能にする精神である。このことを彼は「**一身独立して一国独立す**」と表現し、日本の国家としての独立を個々人の独立自尊の精神と密接に結びつけて捉えた。

問8 次の枠内の記号（A～K）を、下の番号（①～⑪）に合致させよ。

A．新島襄	B．幸徳秋水	C．**堺利彦**	D．内村鑑三
E．片山潜	F．新渡戸稲造	G．**大杉栄**	H．木下尚江
I．河上肇	J．安部磯雄	K．植村正久	

① 幕末に国禁を犯して渡米し、アメリカでキリスト教信仰を深めた。帰国後、京都に**同志社**を創設し、多くの人材を育成した。

② 札幌農学校で学び、キリスト教に入信。「**2つのJ**（Jesus と Japan）」に生涯をささげる決心をしたことで知られる。**不敬事件**で教職を辞した後、日露戦争に際しては非戦論を主張した。

③ 札幌農学校で学び、キリスト教に入信。英文で『**武士道**』を著し、キリスト教を育てる土台として、武士道道徳の継承を説いた。「太平洋の橋とならん」ことを志し、日本文化の海外への紹介に努めた他、国際連盟の事務次長に就任したことでも知られる。

④ 教会建設に尽力するとともに、**東京神学社**を創設するなど、日本のキリスト教界をリードし、伝道者の育成を行った。

⑤ 青年期に中江兆民に師事（兆民から民主主義や唯物論を学ぶ）。自由民権運動からやがて社会主義運動へと転じていった。**平民社**を創設し、「平民新聞」で日露戦争に対する非戦論を唱えた。また、**大逆事件**（天皇暗殺計画を理由に多くの社会主義者・無政府主義者が検挙され、処刑された事件）で検挙され、処刑された。

⑥ **平民社**の創設にかかわり、「平民新聞」を発刊して日露戦争に対する非戦論を展開。日本共産党の創立に参加、委員長となった。

⑦　キリスト教人道主義の立場から社会主義の道へと進んだ。日本初の労働組合ともいわれる**労働組合期成会**を組織した他、日本初の社会主義政党・**社会民主党**にも参加した（短期間で解散に追い込まれた）。

⑧　キリスト教人道主義の立場から社会主義の道へと進んだ。日本初の社会主義政党・**社会民主党**にも参加した。日本フェビアン協会を設立し、その会長となった（短期間で解散）。

⑨　キリスト教人道主義の立場から社会主義の道へと進んだ。日本初の社会主義政党・**社会民主党**にも参加。その後、**平民社**に参加して日露戦争に対する非戦論を唱え、反戦小説『**火の柱**』を発表。普通選挙運動・廃娼運動・足尾銅山鉱毒事件などに社会運動家として積極的に協力したことでも知られる。

⑩　**平民社**に参加。大正期には雑誌「近代思想」を発刊し、無政府主義者（アナーキスト）として社会主義運動の再建を図る。関東大震災の混乱の中で憲兵大尉の甘粕正彦により妻らとともに殺害された。

⑪　経済学者。マルクス主義の体系的な把握に努める。『**貧乏物語**』を連載し、貧困の原因や解決法を探究した。

問8 **解答**

①A　②D　③F　④K　⑤B　⑥C　⑦E　⑧J　⑨H　⑩G
⑪I

問9 次の枠内の記号（A～L）を、下の番号（①～⑫）に合致させよ。

A．徳富蘇峰	B．**石橋湛山**	C．岡倉天心	D．**井上哲次郎**
E．西村茂樹	F．小林秀雄	G．坂口安吾	H．丸山真男
I．**吉本隆明**	J．**陸羯南**	K．北一輝	L．**三宅雪嶺**と**志賀重昂**

① 『**日本道徳論**』を著し、日本道徳・儒教を根幹としながら、西洋哲学の長所を加えた国民道徳の普及に努めた。**明六社**に参加した人物でもある。

② 英文で『**茶の本**』を著し、東洋および日本の伝統的文化・芸術の優秀性を訴えた。また『**東洋の理想**』を著し、「**アジアは一つ**」と述べ、アジアの思想や美術はそのもとは一つであり、日本の文化はアジアの様々な文化を吸収し、そこから醸成されて成立したと説いた。

③ 雑誌「国民之友」を発刊し、明治政府の推進する貴族的欧化主義を批判。地位・身分に関係なく平民による下からの近代化を推進しなければならないと主張した（平民主義）。その後、日清戦争を境に彼は**国家主義**（ナショナリズム）に転じ、皇室中心主義を説くようになる。

④ 雑誌「日本人」を発行し、軽薄な欧化主義と藩閥政治の横暴に反対し、国粋主義（国粋保存主義：自国の歴史・文化や民族性の優秀性を高く評価する思想）を提唱。

⑤ 新聞「日本」を創刊し、政府の欧化主義や藩閥政治の横暴を批判し、**国民主義**を唱え、国民の統一と国家の独立を主張。

⑥ 皇室中心主義的な**国家主義**の立場から、『**教育と宗教の衝突**』を著し、キリスト教を忠君愛国に反する教説（反国家的宗教）として攻撃した。

⑦ 『**日本改造法案大綱**』を著し、クーデターによって国家を改造し、天皇と国民を直結させて富を平等に分配すべきであると主張した。**二・二六事件**の首謀者とされ刑死。

⑧　評論家・政治家（1956年には首相となる）。大正期に『大日本主義の幻想』を著し、中国大陸への膨張政策を進める日本の軍国主義的・国家主義的なあり方（**大日本主義**）を批判し、国際協調、植民地の放棄、自由主義・個人主義などを重視することを強調した。

⑨　論文「**超国家主義の論理と心理**」などにおいて、戦前・戦中の日本の政治のあり方に「**無責任の体系**」を見いだし、批判的な検討を加えた。彼は、戦後の日本において、民主的な市民社会の形成を唱え、他者を他者として理解し、自分の中に巣くう偏見に常に反省の目を向けることのできる、**自主独立の精神**をもたねばならないと主張した。

⑩　第二次世界大戦後の日本が道徳的に退廃しているとして『**堕落論**』を発表し、「堕ちる道を堕ちきる」ことによって虚飾を捨て去れば、本来の自己に根差した人間的な生き方を回復できると主張した。

⑪　『**様々なる意匠**』を著し、明治期以降の日本において流行した様々な思想や理論が単なる意匠（装飾的な工夫）として扱われてきたことを批判し、思想や理論を流行の意匠としてもてあそんでいるだけでは、主体的な自己に目覚めることはできないと主張した。

⑫　『**共同幻想論**』を著し、人間の幻想領域を自己幻想・対幻想・共同幻想の三つに分けた上で、国家は人々によって集合的に想像された共同幻想の一つであると論じた。

問9 解答

①E　②C　③A　④L　⑤J　⑥D　⑦K　⑧B　⑨H　⑩G
⑪F　⑫I

問10 次の枠内の記号（A～K）を、下の番号（①～⑪）に合致させよ。

A．森鷗外　　B．石川啄木　C．北村透谷　　D．武者小路実篤
E．島崎藤村　F．夏目漱石　G．与謝野晶子　H．田山花袋
I．宮沢賢治　J．有島武郎　K．阿部次郎

① ロマン主義（自由な感情や個性を重視／現実をこえた遥かなるものに対する憧れが根底にある）の先駆け的存在。自由民権運動の挫折から文学の道にすすむ。『**内部生命論**』では「実世界（政治的現実）」に対抗しうる「想世界（内面的世界）」を描き、『厭世詩家と女性』では恋愛の意義を唱えた。

② 自然主義（自己の内面をありのままに描く）の文学。『蒲団』で虚偽に生きた自分を告白的に描く。

③ 初期はロマン主義運動に参加していたが、やがて**自然主義**へと転じていった。被差別部落を題材にした『**破戒**』（社会の偏見に苦しみながら自我に目覚め、自己の真実に生きようとする青年を描く）などを著す。

④ 歌集『**みだれ髪**』で恋愛と肉体という人間の本能的な部分を賛美する短歌を大胆に著す。また、「君死にたまふこと勿れ」という弟への詩を著し、日露戦争を批判したことでも知られる。

⑤ 日本のうわべだけの文明開化を「**外発的開化**」として批判し、「**内発的開化**」の重要性を主張した。また、内発的開化のためには、利己主義（**エゴイズム**）にも他者への迎合（**他人本位**）にも陥ることなく、自らの考えによって立ち、自分の自我と他人の自我をともに尊重しようとする**自己本位**が必要であると説いた。代表的作品に『**吾輩は猫である**』『**明暗**』『**こゝろ**』など。

⑥　陸軍軍医となりドイツに留学。その留学体験をもとにした小説『**舞姫**』において、留学生と踊り子との悲恋を通じて、近代的自我と社会秩序の葛藤や諦念（自己の使命や責務、運命を冷静に受け止めようとする態度・境地）を描く。

⑦　**白樺派**（理想主義・人道主義）。個性の自由な成長を図る自治的な農業社会「**新しき村**」を試みた。主著に『お目出たき人』『友情』がある。

⑧　**白樺派**。自己の個性を自由に伸長させることがそのまま人類の文化の発展に寄与することになると説いた。主著に『或る女』『カインの末裔』がある。

⑨　実生活での貧困や苦悩を凝視するところから社会主義的傾向の詩歌をのこした歌人。評論『**時代閉塞の現状**』、歌集『**一握の砂**』などが有名。

⑩　「**世界がぜんたい幸福にならないうちは、個人の幸福はあり得ない**」という言葉をのこしたことで知られる人物。自然との交感力豊かな童話などを創作したことでも知られる。

⑪　⑤の人物に師事し、青春の苦悩と思索をつづった『**三太郎の日記**』を著す一方、人格主義を説く哲学者としても活動した。

問10 解答

①C　②H　③E　④G　⑤F　⑥A　⑦D　⑧J　⑨B　⑩I　⑪K

39 日本の近現代思想⑤

問11 次の枠内の記号（A～J）を、下の番号（①～⑩）に合致させよ。

A. 杉原千畝	B. 内村鑑三	C. 吉野作造	D. 美濃部達吉
E. 田中正造	F. 市川房枝	G. 西光万吉	H. 石牟礼道子
I. 平塚らいてう	J. 岸田俊子と景山（福田）英子		

① 天皇機関説（天皇主権説に対して、国家の統治権は天皇ではなく国家そのものにあり、天皇はその一機関であるとする学説）を唱えたが、1935年に国体に反するとして政府から圧力をかけられた。

② 大正デモクラシー（普通選挙の実現などをめざす民主主義的改革機運の高まり）の高まりの中で民本主義を説いた。

> 彼が、デモクラシーを民主主義と訳さずに民本主義と訳したのは、大日本帝国憲法（明治憲法）の天皇主権と対立する民主主義という用語を避けながら、政治の目的は国民の福利にあり、憲法の運用において民意を最大限に尊重すべきであるという考えを示すためであった。

③ 全国水平社（1922年に結成された部落解放運動の全国組織）の創立にかかわった人物。「水平社宣言」を起草。

④ 「余は日露非開戦論者であるばかりではない、戦争絶対的廃止論者である、戦争は人を殺すことである、そうして人を殺すことは大罪悪である」と主張し、日露戦争に反対した人物。

⑤ 「民を殺すは国家を殺すなり」と訴え、公害問題に取り組み、日本の公害の原点と言われる足尾銅山鉱毒事件が大きな社会問題になった際には、その先頭に立って抗議運動を展開した。

⑥ 水俣病患者を描いたルポルタージュ『苦海浄土』で注目を集めた人物（聞き書きという手法により、水俣病患者たちの声を取材した）。

⑦ 明治期に**自由民権運動**に参加し、男女同権を要求した。

⑧ 文芸雑誌『**青鞜**』の創刊の辞で「**元始女性は実に太陽であった。真正の人であった。今、女性は月である。他に依って生き、他の光によって輝く、病人のような蒼白い顔の月である**」と述べた人物。女性の自覚・意識変化・覚醒を呼びかけた。与謝野晶子との間で母性保護をめぐる論争を繰り広げたことでも知られる（**母性保護論争**）。

> 彼女は、女性が母親になることは、女性が社会的に承認されるために重要なことであると主張し、出産と育児の社会的意義を強調した。これに対し、与謝野晶子は、「たとひ男子にその経済の保障があっても女子にまだその保障が無い間は結婚及び分娩を避くべきものと思ひます」と述べて、結婚や出産は、女性の経済的自立を前提とすべきだと主張した。

⑨ **大正デモクラシー**の高まりの中で、新婦人協会を設立し、女性参政権獲得運動を展開した。第二次世界大戦後、参議院議員となり、売春防止法などの成立のために尽力した。

⑩ 第二次世界大戦中、リトアニアの日本領事代理をつとめていた際、ナチス・ドイツの迫害から逃れるため日本を経由して安全な国に渡ろうと欧州各地から押し寄せてきたユダヤ人に対し、独断で（日本政府の意向に背く形で）日本への通過ビザ（入国許可証）を発給し、多くのユダヤ人の命を救った人物。

問11 **解答**

①D　②C　③G　④B　⑤E　⑥H　⑦J　⑧I　⑨F　⑩A

問12 次の枠内の記号（A～L）を、下の番号（①～⑫）に合致させよ。

A. 和辻哲郎	B. 柳宗悦	C. 折口信夫	D. ベネディクト
E. 丸山真男	F. 柳田国男	G. 鈴木大拙	H. 九鬼周造
I. 加藤周一	J. 西田幾多郎	K. 南方熊楠	L. 伊波普猷

① 『人間の学としての倫理学』を著し、「西洋の個人主義的な哲学」と「日本の伝統的な共同体的倫理」との統合を試みるなど、独自の倫理学を構築した人物。『風土』を著したことでも知られる。

② 『善の研究』を著し、主観と客観が分かれる以前の直接的経験（主客未分の純粋経験）において「真の実在」があらわれると説くなど、独創的な哲学をつくり上げた人物。

③ 仏教思想家。『日本的霊性』や『禅と日本文化』などを著し、仏教・禅思想と日本文化を世界に紹介するために尽力した人物。

④ 日本民俗学の開拓者とされる人物。従来の文献研究中心の歴史学では振り返られることが少なかった一般民衆（常民）の生活や信仰に光をあて、民間に伝わる習俗・儀礼や昔話・芸能などを手がかりにしながら、日本人の伝統的な生活文化を捉えなおし、人間生活の未来に役立てようと努めた。主著に『遠野物語』や『先祖の話』などがある。

⑤ 民俗学者。日本古来の神の原型を、共同体の外部（常世の国）から来訪する「まれびと（客人）」として捉え、神と人々との交流の中から芸能などが発達してきたと説いた。

⑥　民芸運動の創始者。民衆的工芸（名もなき一般民衆がつくり出す実用的な生活雑器など）を「**民芸**」と呼び、そこに「**用の美**」を見いだした。また、富国強兵と植民地支配を進める近代日本のエスノセントリズムに対する批判も行った。

⑦　民俗学者・植物学者。明治政府によって**神社合祀令**（1906年）が出されたときに、**鎮守の森**が破壊されるとして反対運動を起こした。

⑧　琉球・沖縄の伝承や古歌謡「おもろ」を中心に、琉球・沖縄の歴史や言語などを実証的に研究し、沖縄固有の民俗学の確立に尽力した。

⑨　『「いき」の構造』を著した人物。日本の江戸時代の遊郭における美意識である「**いき**（粋）」を手がかりに、日本文化を支える日本人の意識を解明しようとした。

⑩　『**菊と刀**』を著した人物。文化人類学的な観点から日本人の行動様式を分析し、日本文化を「**恥の文化**」、西洋文化を「**罪の文化**」と表現した。

⑪　評論集『**雑種文化**』を発表し、古くから外来文化を受容しながら形成されてきた日本文化の特質を「**雑種文化**」と特徴づけ、そこに文化創造の新しい可能性を見いだした。

⑫　『日本の思想』を著し、日本の文化の特徴を、外来の異質な思想を受容する際に、相互批判を通じて真に交わる「内面的な交流」を経ることなく、様々な思想が単に共存している**雑居性**に見いだした人物。

第**4**章
日本思想

問12 解答
①A　②J　③G　④F　⑤C　⑥B　⑦K　⑧L　⑨H　⑩D
⑪I　⑫E

①**聖徳太子**が制定したとされる「**十七条憲法**」の条文の例。

「**和を以って貴しとなし、忤ふること無きを宗とせよ**」

第一条にある言葉。自他が互いに背き逆らわず、融和していくことの大切さを説くものである。

「**篤く三宝を敬え**」

第二条にある言葉。ここにいう三宝とは「仏・法・僧」を指し、仏教を尊重すべきことを説いている。

「**我必ずしも聖に非ず、彼必ずしも愚に非ず。ともに是凡夫のみ**」

第十条にある言葉。ここには、仏の目から見れば人はみな凡夫（欲望にとらわれた愚かな存在）にすぎないという、仏教の人間理解を見ることができる。

---

②「**世間虚仮、唯仏是真**」：**聖徳太子**が遺したとされる言葉。世間はむなしく、ただ仏だけが真実であるという意味。

③「**厭離穢土、欣求浄土**」：源信が『**往生要集**』の中で示した言葉。彼は、現にあるこの世界を穢れた世だと厭わしく思い（厭離穢土）、極楽浄土で往生することを欣い求める（欣求浄土）ことを勧め、その方法として、心に阿弥陀仏や極楽浄土を思い描く観想念仏を説いた。

④「**善人なをもて往生をとぐ、いはんや悪人をや**」：唯円が書き遺した『**歎異抄**』の中にある**親鸞**の言葉。親鸞によれば、自力で善行を積むことができると思っている者（善人）は、阿弥陀仏の慈悲の力を頼む心に欠けるところがある。このような善人よりも、むしろ、自力では煩悩から逃れることができないことを自覚する者（悪人）こそが、阿弥陀仏の真正な救いの対象である（悪人正機説）。

① **「念仏無間、禅天魔、真言亡国、律国賊」**：日蓮による四箇格言。念仏宗は無間地獄に至り、禅宗は天魔の所業であり、真言宗は国を滅ぼし、律宗は国賊であるという意味。彼は、当時の飢饉や大地震の発生、疫病の流行などが、『法華経』に従わないために起こったものだとして、他宗派の教えをはげしく非難した。

② **「何の事業も、皆仏行なり」**：鈴木正三の言葉。彼は、旧来の仏教の隠遁的な傾向を批判するとともに、あらゆる職業において仏の働きがあらわれていると主張した（職分仏行説）。

③ **「天は高く地は低し、上下差別あるごとく、人にもまた君は尊く、臣は卑しきものぞ」**：林羅山が『春鑑抄』の中で示した言葉。天地自然に上下があるように、人間社会にも君臣や士農工商などの身分の上下が当然にあるという「上下定分の理」について説いたもの。

④ **「身をはなれて孝なく、孝をはなれて身なきゆへに、身をたて道を行ふが孝行の綱領なり」**：中江藤樹が『翁問答』の中で示した言葉。彼は、孝を、子が親に対して行うべき道徳であるとともに、天下の事物・事象を貫き統括する道理でもあるとした。

⑤ **「周公・孔子を師として、漢・唐・宋・明の諸儒を師とせず」**：山鹿素行が『聖教要録』の中で示した言葉。彼は、朱子学が日常の倫理を離れ、ともすれば抽象的な理論に陥ること批判し、古学を提唱した。

⑥ **「武士道といふは、死ぬことと見付けたり」**：『葉隠』の中にある山本常朝の言葉。死の覚悟と主君へのひたすらな献身について説いたもの。

⑦ **「仁の徳たる大なり、しかれども一言もってこれをおおへば、曰く愛のみ」**：伊藤仁斎が『童子問』の中で示した言葉。仁の徳とは宏大なものである。しかし、一言でこれを言い尽くそうとすれば、愛そのものに他ならないという意味。

① 「**誠とは道の全体**」：伊藤仁斎が『語孟字義』の中で示した言葉。彼は、偽りのない純粋な心情である誠を、仁・愛を成り立たせるための徳として重んじた。

② 「**先王の道は、先王のつくる所なり。天地自然の道に非ざるなり**」「**礼楽刑政を離れて、別に謂う所の道なるものあるに非ざるなり**」：荻生徂徠が『弁道』の中で示した言葉。彼は、儒学の説く「道」は天地自然の道理ではなく、古代中国のすぐれた聖人が為政のためにつくった礼楽刑政であるとした（先王の道）。

③ 「**真心とは、よくもあしくも生まれつきたるままの心をいう**」：本居宣長が『玉勝間』の中で示した言葉。真心とは、才智や意志による作為を捨てた自然な心情のあらわれである。彼は、仏教や儒学など外来の思想・文化に感化された心（漢意）に染まる以前から存在する日本古来の道（惟神の道）にこそ日本人の精神の拠り所があり、真心に従って生きるべきだと説いた。

④ 「**商人の買利は士の禄に同じ**」：石田梅岩が『都鄙問答』の中で示した言葉。彼は、商人の営利行為は暴利を貪らないかぎり道徳的に正当なものであると主張した。そして、商人と武士の職分は倫理的に価値が等しいと説いた。

⑤ 「**各人は足るを知って分に安ぜよ**」：『都鄙問答』の著者である石田梅岩が重んじた考え方で、自らの境遇を知って満足せよという教え。士農工商という身分秩序を職業の別による社会分業と捉えるとともに、人としての倫理的価値は身分をこえて平等であると考えた。

⑥ 「**まことの商人は先も立ち、我も立つことを思ふなり**」：石田梅岩の言葉。客によって商人は養われており、売り物によって客も満足するという意味。彼はこの「互助の精神」を忘れた暴利の追求を批判した。

① 「聖人は不耕にして、衆人の直耕、転業の穀を貪食し、口説をもって直耕転職の天子なる衆人を誑かし、自然の天下を盗み、上に立ちて王と号す」：安藤昌益の言葉。彼は、農業に従事せず、農民に寄生する武士たちを「不耕貪食の徒」と呼んで批判した。

② 「農は万業の大本」：二宮尊徳の言葉。彼はこの言葉を通じて農民に誇りをもたせ、農民の自己変革を通じて農村を復興させようとした。

③ 「人道は天理に順うといえども、又作為の道にして自然にあらず。……夫自然の道は万古廃れず、作為の道は怠れば廃る」：二宮尊徳の言葉。彼によれば、農業は天道（天地自然の営み）と、それを制御し利用する人道（人間の働き）とがあいまって成り立つ。そして、我々が存在できるのは、天・地・人の広大な徳のおかげであり、その徳に報いるには徳の行いの実践をもってしなくてはならないとする「報徳思想」を説いた。

④ 「尭舜孔子の道を明らかにし、西洋器械の術を尽くさば、何ぞ富国に止まらん」：横井小楠の言葉。彼は、西洋諸国と平和的な貿易関係を結びながら日本の独立を保とうとする道を探り、東洋の精神的伝統の上に西洋文化を知識・技術として摂取しようとする和魂洋才を主張した。

⑤ 「東洋道徳、西洋芸術、精粗遺さず、表裏兼該し、因りてもって民物を沢し、国恩に報ゆる」：佐久間象山の言葉。彼は、伝統的な儒学の素養の上に西洋の科学技術を取り入れるべきだとする和魂洋才の考え方を提唱した。

⑥ 「草莽崛起、豈他人の力を仮らんや。恐れながら天朝も幕府・吾が藩も入らぬ、只六尺の微軀が入用」：吉田松陰の言葉。一君万民論を唱えた彼は、国家の危機にあたって、藩士の身分や家柄にとらわれず志をもった自由な立場の人たち、すなわち在野人が立ち上がる（変革の原動力となる）ことに期待を寄せた（草莽崛起）。

① **「門閥制度は親の敵で御座る」**：福沢諭吉の言葉。下級武士の家の出身でそのみじめさを身をもって味わった彼は、封建的身分秩序に対する批判精神を生涯もち続けたとされる。

② **「東洋になきものは、有形において数理学と、無形において独立心と、此の二点である」**：福沢諭吉が『福翁自伝』の中で示した言葉。彼は、合理的・実利的な学問すなわち実学（数理学）とともに、独立の精神（独立心）の必要性を訴えた。

③ **「天は人の上に人を造らず、人の下に人を造らずと云へり」**：福沢諭吉が『学問のすゝめ』の中で示した言葉。彼は、人は生まれながらに自由・平等であり、それはいかなる権力によっても制限されないとする天賦人権思想を説いた。

④ **「一身独立して一国独立す」**：福沢諭吉が『学問のすゝめ』の中で示した言葉。日本の国家としての独立を個々人の独立の精神（独立心）と密接に結びつけて捉えた言葉として知られる。

⑤ **「人は生れながらにして貴賤貧富の別なし。ただ学問をつとめて物事をよく知る者は貴人となり富人となり、無学なる者は貧人となり下人となるなり」**：福沢諭吉が『学問のすゝめ』の中で示した言葉。彼は、貧富の差などの不平等は学問の有無によって生まれると説いている。

⑥ **「民権なるものは、自ら二種有り、英仏の民権は恢復的の民権なり、下より進みて之を取りしものなり。世又一種恩賜的の民権と称す可きもの有り、上より恵みて之を与ふるものなり」**：中江兆民の言葉。彼は、日本がめざすべき道は、欧米のように人民の革命によって君主制を打倒するあり方ではなく、為政者が人民に恵み与えた恩賜的民権を実質的に恢（回）復的民権（人民が自らの力で獲得した民権）にまで育て上げていくことであるとの見解を示した。

① **「自由は取るべきものなり、貰うべき品にあらず」**：中江兆民の言葉。衆議院議員であった彼が当時の政府のあり方に失望して辞職する際に述べたとされる言葉で、選挙民の心得などについて説いたものである。

② **「民権これ至理なり、自由平等これ大義なり」**：中江兆民が『一年有半』の中で示した言葉。彼によれば、民権は社会の根本原理であり、自由・平等は社会の大原則であって、権力者はこうした根本原理や大原則を尊重することによって、その尊厳性や正当性を保つことができる。

③ **「わが日本古より今に至るまで哲学なし」**：中江兆民が『一年有半』の中で示した言葉。哲学なき日本の国民の浅薄さについて嘆いた言葉。

④ **「私共にとりましては愛すべき名とては天上天下唯二つあるのみであります。其一つはイエスでありまして、其他のものは日本であります」**：内村鑑三の言葉。彼は、イエス（Jesus）と日本（Japan）という「2つのJ」に生涯をささげることを誓うとともに、日本の武士道にキリスト教信仰の基礎を見いだした。

⑤ **「武士道に接木されたるキリスト教」**：内村鑑三の言葉。キリスト教の受容は日本の伝統的精神を基盤とするものであるという彼の考えを示したもの。

⑥ **「われは日本のため、日本は世界のため、世界はキリストのため、すべては神のため」**：内村鑑三の墓碑銘。墓碑銘とは、墓碑に刻まれる、故人の経歴や業績などについての文章をいう。

⑦ **「余は日露非開戦論者であるばかりではない、戦争絶対的廃止論者である、戦争は人を殺すことである、そうして人を殺すことは大罪悪である」**：内村鑑三の言葉。彼は、日露戦争に際して、政府と世論の圧倒的な主戦論に対して非戦論を唱えた。

① 「**君死にたまふこと勿れ**」：**与謝野晶子**が戦地の弟を想いつくった詩。彼女は、日露戦争の際、この詩を雑誌『明星』に発表し、反戦の考えを示したが、反国家的な危険思想であるとして猛烈な非難にさらされた。

② 「**アジアは一つである**」：**岡倉天心**が『**東洋の理想**』の中で示した言葉。彼によれば、アジアの思想や美術はそのもとは一つであり、日本の文化はアジアの様々な文化を吸収し、そこから醸成されて成立した。

③ 「**西洋の開化は内発的であって、日本の現代の開化は外発的である**」：**夏目漱石**が『**現代日本の開化**』と題された講演の中で示した言葉。彼は、日本の近代化は表面的には華やかで立派だが、自己の内面から発した内発的開化ではなく、うわべだけの外発的開化にすぎないと批判した（漱石は日本の近代化を「皮相上すべりの近代化」と呼んで批判している）。

④ 「**自己の個性の発展をなしとげようと思うならば、同時に他人の個性も尊重しなければならない**」：**夏目漱石**が『**私の個人主義**』と題された講演の中で示した言葉。自己本位の立場が単なる利己主義（エゴイズム）とは異なることを強調した言葉である。彼は、ロンドン留学中に精神的な不安に苦しんだ体験から、他人の模倣をし、他人に迎合する他人本位の生き方の空しさを痛感し、自分の内面的な要求に従って生きる自己本位の生き方が大切であると考えた。

⑤ 「**元始女性は実に太陽であった。真正の人であった。今、女性は月である。他に依って生き、他の光によって輝く、病人のような蒼白い顔の月である**」：**平塚らいてう**が『**青鞜**』の創刊号で示した言葉。女性は、男性の光に依存して輝く月のような存在から脱却し、自ら輝く太陽のような、自立した存在をめざすべきであるという彼女の主張。

① 「**人の世に熱あれ、人間に光あれ**」：西光万吉によって起草された**水平社宣言**にある言葉。水平社（全国水平社）は、大正時代の日本において、部落解放運動の高まりを背景として創設された。

② 「**世界がぜんたい幸福にならないうちは、個人の幸福はあり得ない**」：宮沢賢治の言葉。彼は、社会全体の幸福と、その中で生きる個々人の幸福とを対立的に捉える見方を否定した。

③ 「**民を殺すは国家を殺すなり**」：田中正造の言葉。彼は、日本の公害の原点と言われる足尾銅山鉱毒事件が大きな社会問題になった際に、その先頭に立って抗議運動を展開した。

④ 「**主観客観の対立は我々の思惟の要求より出でくるので、直接経験の事実ではない。直接経験の上に於ては唯独立自全の一事実あるのみである、見る主観もなければ見らるる客観もない**」：西田幾多郎が『**善の研究**』の中で示した言葉。彼は、西洋近代哲学が自我を中心にすえ、認識する自我（主観）と認識されるもの（客観）を対立させているという点を批判し、主観と客観が対立する以前の、主客未分の直接経験（純粋経験）の中にこそ真の実在があらわれるとした。

⑤ 「**人間は、個としてあらわれつつ全体を表現する**」：和辻哲郎が『**人間の学としての倫理学**』の中で示した言葉：彼によれば、人間は、社会から孤立した単なる個としての存在ではなく、また社会に埋没した存在でもなく、人と人との「間柄」において生きる間柄的存在であって、個人と社会は人間の二つの側面である。

①『三経義疏』：聖徳太子が著したと伝えられる。三つの大乗仏教の経典に注釈を施したもの。

②『山家学生式』：最澄の著作。天台宗の修行のあり方について示したもの。

③『三教指帰』：空海の著作。儒教・道教・仏教の教えを比較したもの。その中でも、仏教が最もすぐれていることを主張。

④『十住心論』：空海の著作。大日如来を中心とする悟りに至る道程について論じたもの。十住心とは、心のあり方を十段階に分類したものをいう。

⑤『往生要集』：源信の著作。現世を穢れた世だと厭わしく思い（厭離穢土）、極楽浄土で往生をとげることを願い求める（欣求浄土）思想を説いたもの。

⑥『選択本願念仏集』：法然の著作。浄土宗の教義についてまとめたもの。念仏こそが往生のための正因であるとしている。

⑦『教行信証』：親鸞の著作。浄土真宗の教義の根本についての書。

⑧『歎異抄』：親鸞の言葉を弟子の唯円がまとめたと考えられている。悪人正機などの思想を伝えている（「善人なをもて往生をとぐ、いはんや悪人をや」という言葉が有名）。

⑨『興禅護国論』：栄西の著作。禅宗に向けられた非難に対して、禅宗が鎮護国家に役立つことを論じたもの。

⑩『正法眼蔵』『正法眼蔵随聞記』：前者は道元の説法をまとめたもので、彼の弟子たちが記録し、後に道元自身が加筆したものであるとされる。後者は道元の説法を弟子の懐奘が筆録したもので、修証一等など禅に関する思想をはじめとして、深遠な禅体験に基づく世界についてまとめたもの。

⑪『立正安国論』：日蓮の著作。法華経が興隆すれば（立正）、災いが払われ、国土の安穏（安国）が実現すると説いたもの。鎌倉幕府の当時の執権である北条時頼に献じたことで知られる。

①『**開目抄**』：日蓮の著作。鎌倉幕府の外交政策のあり方を批判した結果、佐渡へ流罪となったときに書かれた書。逆境にあっても法華経の行者としての自覚および使命を力強く記している。

②『**万民徳用**』：鈴木正三の著作。彼は、「世法即仏法」、すなわちあらゆる職業はそれに専念するとき仏行となるという職分仏行説と呼ばれる職業倫理を説いた。

③『**春鑑抄**』：林羅山の著作。「天は高く地は低し、上下差別あるごとく、人にもまた君は尊く、臣は卑しきものぞ」と述べ、封建的な身分秩序を自然の理として正当化した。

④『**翁問答**』：中江藤樹の著作。師と弟子との問答形式で、万物の根本原理としての「孝」の徳が説かれている。

⑤『**葉隠**』：山本常朝の口述が筆録されていることで知られる。「武士道といふは、死ぬことと見付けたり」という彼の言葉は、伝統的な武士のあり方を象徴する言葉として知られる。

⑥『**聖教要録**』：山鹿素行の著作。「周公・孔子を師として、漢・唐・宋・明の諸儒を師とせず」と述べ、朱子学を批判して古学を提唱した。

⑦『**論語古義**』：伊藤仁斎の著作。『論語』の注釈書。『論語』を「最上至極宇宙第一の書」と捉えている。

⑧『**童子問**』：伊藤仁斎の著作。仁愛を中心に説いている。童子との問答形式で、『論語』の最上性や仁愛などについて説いている。

⑨『**弁道**』『**弁名**』『**政談**』：荻生徂徠の著作。彼は、これらの著作において、聖人の道（先王の道）を明らかにすることの重要性を唱えたり、政治や社会制度について説いている。

①『国意考』：賀茂真淵の著作。堅苦しく理屈っぽい儒教道徳に基づく統治のあり方を批判的に捉え、素直で和らぎの心をもった日本人本来の精神（国意）に戻って国を治めるべきだと主張。

②『古事記伝』：本居宣長の著作。『古事記』の注釈書。日本固有の道として「惟神の道」を挙げている。

③『源氏物語玉の小櫛』：本居宣長の著作。『源氏物語』の注釈書。「もののあはれ」について論じたことで知られる。

④『玉勝間』：本居宣長の著作。著者自身の学問経歴を回顧しつつ、古事や古語に関する考証など、学問や思想にかかわる幅広い題材をとり上げ、彼自身の見解を述べた随筆集。

⑤『霊能真柱』：平田篤胤の著作。死後の霊魂は大国主神の主宰する幽冥界へ赴き、そこで審判を受け、現世に残された親類縁者を守り続けると論じた書。

⑥『都鄙問答』：石田梅岩の著作：石門心学の思想を、わかりやすく平易な問答形式で述べたもの。

⑦『自然真営道』：安藤昌益の著作：万人直耕の自然世を理想とし、差別と搾取のある世の中を法世と呼んで批判した。

⑧『養生訓』：貝原益軒の著作。日常生活における飲食やふるまいのあり方を説くことを通じて、人が自らの身体を自ら配慮し管理することが天地と人との相互依存関係においていかに大切かを論じている。

⑨『西洋記聞』：新井白石の著作。イタリア人宣教師シドッチの訊問記録。西洋は形而下の学問（科学技術など）はすぐれているが、形而上の学問（キリスト教など）は取るに足らないと論断した。

① 『戊戌夢物語』：高野長英の著作。江戸幕府の鎖国政策を夢になぞらえて批判したもの。彼は、幕府の鎖国政策を批判したことを理由として渡辺崋山らとともに弾圧された（蛮社の獄）。

② 『慎機論』：渡辺崋山の著作。江戸幕府の対外政策を批判したもの。

③ 『解体新書』：杉田玄白や前野良沢らによる翻訳書。オランダの解剖書『ターヘル・アナトミア』を翻訳したもの。

④ 『文明論之概略』：福沢諭吉の著作。文明とは何か、について、古今東西の文明発達の事例を通して論じたもの。

⑤ 『学問のすゝめ』：福沢諭吉の著作。巻頭の「天は人の上に人を造らず、人の下に人を造らずと云へり」という言葉はよく知られている。

⑥ 『西洋事情』：福沢諭吉の著作。欧米視察を通して得た知識や見聞をもとに、各国の歴史や政治、文化などを紹介したもの。

⑦ 『福翁自伝』：福沢諭吉の著作。東洋の儒教主義と西洋の文明主義との比較の中で「東洋になきものは、有形において数理学（＝実学）と、無形において独立心と、此の二点である」と述べたことで知られる。

⑧ 『民約訳解』：中江兆民によるルソーの『社会契約論』の翻訳書。自由民権運動の理論的支柱となった。

⑨ 『三酔人経綸問答』：中江兆民の著作。近代化の道を歩む日本の政治的進路について模索した書。民主主義者の洋学紳士、侵略主義者の豪傑君、現実主義者の南海先生の架空の３人が、日本の近代化の道を語る内容となっている。

⑩ 『一年有半』『続一年有半』：中江兆民の著作。ガンのため１年半と宣告された余命の中で執筆されたもの。「無神・無霊魂」に基づく独自の哲学（唯物論哲学）を展開した。

①『余は如何にして基督信徒となりし乎』：内村鑑三の著作。自己の信仰生活を綴った自叙伝。

②『武士道』：新渡戸稲造の著作。英文で出版された書で、日本人の道徳観、精神の背景としての武士道精神を解明・紹介している。

③『東洋の理想』『茶の本』：岡倉天心の著作。ともに英文で出版された書で、東洋および日本の伝統的文化・芸術を紹介している。

④『日本道徳論』：西村茂樹の著作。日本道徳・儒教を根幹としながら、西洋哲学の長所を加えた「国民道徳」を説く。

⑤『廿世紀之怪物帝国主義』『社会主義神髄』：幸徳秋水の著作。前者は日本の侵略政策を批判したもの。後者は近代文明がもたらした害悪の原因が資本主義の矛盾にあるとし、その解決を社会主義に求めた書。

⑥『内部生命論』：北村透谷の著作。彼は、自由民権運動に挫折し、政治的な現実である実世界においてではなく、精神的な内面世界（想世界）において、自由と幸福の実現を求めようとした。

⑦『破戒』：島崎藤村の著作。被差別部落出身の青年教師が、素性を打ち明けてはならないという父の戒めを破り、新生活を求めて町を離れていくという物語（自然主義文学の出発点となった作品）。

⑧『舞姫』：森鷗外の著作。留学生と踊り子との悲恋を通じて、近代的自我と社会秩序の葛藤を描いた作品。

⑨『明暗』：夏目漱石の著作。平凡な毎日を送る会社員とその妻を中心に、虚栄心や我執など、人間心理の深奥を緻密に描いた作品。

⑩『貧乏物語』：河上肇の評論。貧乏の現状と原因について論じ、その解決方法として富者の奢侈（ぜいたく）の禁止などを説いた。

① **『日本改造法案大綱』**：北一輝の著作。クーデターによる国家改造で天皇と国民を直結させて富を平等に配分すべきことなどを説いた。

② **『善の研究』**：西田幾多郎の著作。彼は、主客未分の「純粋経験」において真の実在があらわれると説いた。

③ **『日本的霊性』『禅と日本文化』**：鈴木大拙の著作。彼は、日本文化と禅の思想を海外に広く紹介したことで知られる。

④ **『人間の学としての倫理学』**：和辻哲郎の著作。個人的であると同時に社会的であるという二重構造を有する存在として「人間」を捉え、個人と社会との相互作用において、倫理が成り立つと主張した。

⑤ **『遠野物語』『先祖の話』**：柳田国男の著作：『遠野物語』は岩手県遠野市周辺に伝わる民間伝承を筆録したもの。『先祖の話』は日本人に見られる祖先崇拝（祖霊信仰）についてまとめたもの。

⑥ **『「いき」の構造』**：九鬼周造の著作。日本の江戸時代の遊郭における美意識である「いき（粋）」を手がかりに、日本文化を支える日本人の意識を解明しようとした。

⑦ **『菊と刀』**：ベネディクトの著作。日本人の行動様式を分析し、日本文化を「恥の文化」、西洋文化を「罪の文化」と表現した。

⑧ **『堕落論』**：坂口安吾の著作。敗戦と同時に従来の権威や価値観が崩壊し、拠りどころを失って混乱していた人々に対して、眼前の出来事にいたずらにまどわされず、まずは裸の自己を直視することから始めよと説いた。

⑨ **『生きがいについて』**：神谷美恵子の著作。ハンセン病患者の療養所での医師としての勤務体験をもとに書かれた。彼女によれば、「生きがい」とは、物質的な満足とは異なる次元のものであり、愛・信頼・喜び・希望など精神的な価値によって満たされている心の充足感であるとした。

問題演習④

....

問1 鎌倉時代に曹洞宗を開いた道元についての説明として最も適当なものを、次の①～④のうちから一つ選べ。

① 「何の事業も、皆仏行なり」と述べ、世俗的職業に専心することを通して仏道修行も可能となると説いた。

② 自力のはからいを一切捨てて自然の働きに身を任せる自然法爾こそ坐禅の極致であると説いた。

③ 手に印契を結び、口に真言を唱え、心に仏を念ずる行によって、生きたこの身のままで大日如来と一体化し、成仏できると説いた。

④ 坐禅の修行にうち込むことそのものが悟りであり、修行と悟りの体得は不二一体であると説いた。

問1 解答 ④

①不適当。「道元」ではなく鈴木正三を想定した説明。鈴木正三は、旧来の仏教の隠遁的な傾向を批判し、「何の事業も、皆仏行なり」と述べ、あらゆる職業において仏の働きがあらわれていると主張した（**職分仏行説**）。

②不適当。**自然法爾**は、親鸞の**絶対他力**の考え方を表わす言葉で、自力のはからいを一切捨てて自然の働きに身を任せることをいう。「道元」が「自然法爾」を「坐禅の極致」に位置づけたという趣旨の説明は誤り。

③不適当。「道元」ではなく空海を想定した説明。空海は、高野山に金剛峯寺を建立し、真言宗を広めた人物。彼は、人は、手に印契を結び（手で仏を象徴する形を組むこと）、口に真言（マントラと呼ばれる呪文）を唱え、心に仏を念ずる**三密**の行によって、この世におけるこの身のままで仏になることができるという**即身成仏**の思想を説いた。

④適当。道元は、一切の雑念を捨ててひたすら坐禅の修行にうち込むこと（**只管打坐**）を説いた。彼によれば、坐禅は悟り（証）を得るための単なる手段ではなく、悟り（証）の体得そのものである。このような、坐禅の修行と悟り（証）の体得は不二一体であるという考えを**修証一等**という。

問題演習④

....

問2 次のア～ウは、江戸時代の思想家についての説明であるが、
それぞれ誰のことか。その組合せとして正しいものを、下の①
～⑧のうちから一つ選べ。

ア　対馬藩に仕え、対朝鮮政策において「互いに欺かず争わず」
　を旨として善隣友好外交に努めた。
イ　朱子学の理と日本神話の神との融合を説く垂加神道を唱え、
　天皇崇拝に基づく大義名分と封建道徳を説いた。
ウ　「武士道といふは、死ぬことと見付けたり」と述べ、主君の
　ために生死を賭す覚悟の大切さを説いた。

① 　ア　雨森芳洲　　　イ　山崎闇斎　　ウ　熊沢蕃山
② 　ア　雨森芳洲　　　イ　山崎闇斎　　ウ　山本常朝
③ 　ア　雨森芳洲　　　イ　中江藤樹　　ウ　熊沢蕃山
④ 　ア　雨森芳洲　　　イ　中江藤樹　　ウ　山本常朝
⑤ 　ア　貝原益軒　　　イ　山崎闇斎　　ウ　熊沢蕃山
⑥ 　ア　貝原益軒　　　イ　山崎闇斎　　ウ　山本常朝
⑦ 　ア　貝原益軒　　　イ　中江藤樹　　ウ　熊沢蕃山
⑧ 　ア　貝原益軒　　　イ　中江藤樹　　ウ　山本常朝

問2 解答　②

　ア：雨森芳洲についての説明。雨森芳洲は、対馬藩に仕えて、朝鮮との間に有効な外交を構築することに尽力した人物である。なお、貝原益軒は、医学、歴史、教育などの各分野で先駆的業績を残した博学の朱子学者として知られる。

　イ：山崎闇斎についての説明。山崎闇斎は、儒学と神道を合一した**垂加神道**を唱え、後の尊王思想にも影響を与えた人物である。なお、中江藤樹は、日本陽明学の祖とされる人物で、その学識と人徳から「**近江聖人**」とも呼ばれた。彼は、人間は生まれつき善悪を判断する道徳的な能力（**良知**）をそなえており、これを働かせることでおのずと正しく行動することができると説いた。

　ウ：山本常朝についての説明。山本常朝は、『葉隠』の口述者として知られる鍋島（佐賀）藩の武士で、「武士道といふは、死ぬことと見付けたり」と述べ、死の覚悟と主君への忠誠を軸とする武士道を説いた。なお、熊沢蕃山は、中江藤樹のもとで儒学を学んだ人物。「治国平天下」という儒学の理念を、現実とのかかわりの中で考え、例えば、樹木を切り尽くすと山の保水力が乏しくなり水害が起こりやすくなるので、山林を保護すべきであると主張した。

問題演習④

....

問3 次の文章は、和辻哲郎がヨーロッパ留学を終え、日本の伝統に注目しつつ、西洋思想と向き合う中で、人間をどのような存在として捉えていたのかを示すものである。この文章から読み取れる和辻の人間観と共通する観点を含む見方として最も適当なものを、下の①～④のうちから一つ選べ。

> 倫理学を「人間」の学として規定しようとする試みの第一の意義は、倫理を単に個人意識の問題とする近世の誤謬から脱却することである。この誤謬は近世の個人主義的人間観に基づいている。（中略）個人主義は、人間存在の一つの契機に過ぎない個人を取って人間全体に代わらせようとした。この抽象性があらゆる誤謬のもととなるのである。
>
> （和辻哲郎『倫理学』より）

① 個的な人間存在はロゴスによる実践を行う者であり、人と動物や植物とを分けるのは、まさにロゴスに基づく卓越性としての道徳であるという見方。

② 人は生産によって特徴づけられ、生産は初めから社会的であるのだから、孤立的存在としての人がある発展段階において社会をつくるのではなく、人が人になったときすでに社会的であるという見方。

③ 実践哲学の中心には善意志があるとし、自分の行為の原則が常に普遍性をもつように行為せよとする定言命法に従って自己の意志の自律を図るという見方。

④ 人は自然状態においては互いに連絡をもたないアトムであって、しかもそれぞれが欲望をもつために闘争は必然であるとし、闘争による害悪を避けるために外的な全体性として国家が形成されるという見方。　（2018年度共通テスト「試行調査」）

問3 解答 ②

　和辻哲郎は、設問の文章（『倫理学』）にもあるように、西洋近代の倫理学を個人主義的であるとして批判し、人間をその個人性とともに社会性において捉える「**人間の学としての倫理学**」を提唱した。和辻によれば、人間は、社会から孤立した存在ではなく、また社会に埋没した存在でもなく、常に人と人との間柄（関係）において生きる**間柄的存在**であって、個人と社会は人間そのものの二つの側面である。②は、こうした和辻哲郎の人間観と共通する観点を含む見方として適当な記述となっている。

　①不適当。「人」と「動物や植物」との違いについて述べているにとどまり、設問の文章から読み取れる和辻の人間観と共通する観点を含む見方とはいえない。

　③不適当。**カント**の思想を想定した記述であるが、設問の文章から読み取れる和辻の人間観と共通する観点を含む見方とはいえない。

　④不適当。**ホッブズ**の思想を想定した記述であるが、設問の文章から読み取れる和辻哲郎の人間観と共通する観点を含む見方とはいえない。

現代の
諸課題と倫理

問1 次の枠内の記号（A～H）を、下の番号（①～⑧）に合致させよ。

A．ホスピス　　　　B．QOL（quality of life）　　C．テーラーメイド医療
D．ドナー　　　　　E．SOL（sanctity of life）　　F．レシピエント
G．安楽死（積極的安楽死）　H．尊厳死（消極的安楽死）

① 患者本人の意思に基づき、延命のための積極的な治療を打ち切って、自然な死を迎えること。

② 患者本人の意思に基づき、薬物投与などによって死期を人為的に早めること。オランダ、ベルギーなど、一定の条件を満たした場合に、これを合法としている国もある。日本では、1990年代の裁判所の判決において、これが法的に認められるための条件が示されたことがある。

③ 末期患者の肉体的・精神的苦痛を取り除き、残された時間を有意義にすごしてその人らしい死を迎えさせる施設。「あたたかいもてなし」を意味するラテン語の語句に由来。

④ 個人の遺伝情報に基づいてその人にあわせた予防・治療を行うこと。

⑤ 「生命の質」を意味する語句。これを重んじる立場によれば、患者の自己決定権が重視され、延命治療に関して患者が事前に表明した意思が尊重されるべきであり、医師はそうした患者の意向に従わなければならない。

⑥ 「生命の尊厳」を意味する語句。これを重視する立場によれば、人間の生命には質的な差異はなく、いかなる人間の生命も絶対的に尊重されねばならないので、重篤な患者であっても安楽死や尊厳死は認められず、一分一秒でも患者の生命を維持させる延命治療が重んじられる。

⑦ 臓器移植において臓器を提供する者をいう。

⑧ 臓器移植において臓器の提供を受ける者をいう。

①H　②G　③A　④C　⑤B　⑥E　⑦D　⑧F

脳死と臓器移植

・脳死：脳幹を含む脳全体の機能が不可逆的に停止した状態（元の働きには戻らない状態）。**植物状態**（大脳の機能は停止しているが、脳幹の機能は保たれている状態）とは異なる。

・臓器移植法：同法によれば、次の①・②に示すようなケースにおいては、脳死者からの移植のための臓器摘出が認められる。

> ① 脳死者（本人）が臓器を提供する意思を書面で表示している場合で、かつ、家族（遺族）がその臓器摘出について書面で承諾しているケース。
> ② 脳死者（本人）による臓器提供についての意思は不明ではあるが、家族（遺族）がその臓器摘出について書面で承諾しているケース。

・臓器移植法は、親族（配偶者、子ども、父母）に対して臓器を優先的に提供する意思を書面で表示することを認めている。なお、かつては15歳未満からの臓器摘出を禁じていたが、現在では臓器摘出の年齢制限はない。

バイオテクノロジー（生命工学）をめぐる動向

・ヒトゲノム：ヒトゲノム（ヒトの全遺伝情報）の解読が進むことで、遺伝病などの治療に役立つ研究の飛躍的な進歩が期待される。2003年、ヒトゲノムの全配列解析を行う**国際ヒトゲノム解析計画**は、その解読完了を宣言した。

・クローン：遺伝的に同一の個体や細胞の集合。日本では、ヒトクローン技術規制法によって、ヒトのクローン個体を作成することは規制されている。

・遺伝子診断：将来かかりうる病気が予測できると期待されているが、就職や保険加入の際の新たな差別の恐れや、プライバシーの権利の保護をめぐる問題の発生が危惧されている。

問2 次の枠内の記号（A～G）を、下の番号（①～⑦）に合致させよ。

A．リヴィング・ウィル　B．**優生思想**　C．インフォームド・コンセント
D．**デザイナー・ベビー**　E．パターナリズム
F．リプロダクティブ・ライツ　G．**ターミナル・ケア**

---

① 「**生前の意思**」とも呼ばれる語句。患者が将来、延命治療に関する
自分の意向を表明できなくなったときのために、あらかじめ文書に
よって意思表明が可能な時期に自分の意向を表明しておくこと。

② 病気を受け入れつつも、患者の身体的・精神的な苦痛をやわらげ、
安らかに死を迎えるための**終末期医療（緩和ケア）**を意味する語句。

③ 遺伝的にすぐれた性質をもつ子孫だけを残そうとする考え方。「障
害のある者など社会的不適格者は存在すべきではない」という主張
に結びつきやすい。

④ 受精卵の段階での遺伝子操作（**ゲノム編集**）によって、親が望むよ
うな身体的特徴や能力をそなえて生まれた子どもを意味する語句。

⑤ 「説明と同意」を意味する語句。医師が病気の内容や治療の方法に
ついて十分な説明を与え、患者が同意した上で治療を行うという原
則（**自己決定権**を重視する考え方）。

⑥ 「医療従事者の権威主義」を意味する語句。医療の場で患者と医師
の関係が医師任せになって、患者個人の自己決定がなされないこと
をさして用いる場合がある。家父長的な温情主義（子どものためにな
るという理由で親が子どもの自由を制限するあり方）を意味する語
句でもある。

⑦ **性と生殖に関する権利**。子どもをもつかもたないか、もつとしたら
いつ、何人の子どもをもつか、などを女性が自ら決定することがで
きる権利をさす（**自己決定権**を重視する考え方）。

問2 解答

①A　②G　③B　④D　⑤C　⑥E　⑦F

● 人工生殖技術（生殖補助医療）や再生医療

・**人工授精**（男性の精子を女性の子宮に移植して人為的に受精させる技術）や**体外受精**（精子と卵子を採取して生体外［試験管の中など］で受精させる技術で、その受精卵を子宮に移植し、妊娠・出産へとつなげる）は、不妊夫婦の医学的治療の要求に応じたものといえる。

・**着床前診断**（体外受精によって得られた受精卵が成長して多細胞の胚になった段階で、その胚のもつ遺伝子や染色体の異常の有無を検査すること）や**出生前診断**（胎児の異常や性別などを調べるための検査）をめぐっては、その利用の仕方によっては生命の選別ではないかという指摘がある。

・受精卵を第三者の女性（**代理母**）の子宮に移植して出産へとつなげる**代理出産**（代理懐胎、代理母出産）には、親権を誰に認めるか（「卵子を提供した女性」と「実際に出産した女性」のどちらが母となるのか）といった法的扱いの問題や、代理母の身体への負担をめぐる問題など、様々な課題がある。

・**ES 細胞**（胚性幹細胞）：初期胚（受精卵が成長して多細胞の胚になった段階）を破壊してつくる細胞。この細胞には、臓器や組織に分化する能力があるため、移植用臓器の作成など**再生医療**への応用が期待されている。人間に成長する可能性のある胚を破壊してつくることから、人間の尊厳を損ねるのではないか、という倫理的な問題が指摘されている。

・**iPS 細胞**（人工多能性幹細胞）：体細胞に遺伝子的な操作を加えてつくられる細胞。ES 細胞と同様、**再生医療**への応用が期待されている。2006年に京都大学・山中教授の研究チームが皮膚細胞からつくることに成功した。胚を壊す必要がないことから、ES 細胞が抱える倫理的な問題を回避できるのではないかと、世界中の注目を集めた。

第5章　現代の諸課題と倫理

163

43 環境倫理

問3 次の枠内の記号（A〜H）を、下の番号（①〜⑧）に合致させよ。

A．カーソン	B．ボールディング	C．コルボーン
D．ローマクラブ	E．シンガー	F．ハーディン
G．ヨナス	H．レオポルド	

① 人間が利用できる資源には限界があるとし、人類は「**宇宙船地球号**」の乗組員であるという自覚・認識が必要であると主張した。

② 『**沈黙の春**』を著し、農薬などの化学物質の生体濃縮や、それによる生態系破壊に警告を発した。

③ 『**奪われし未来**』を著し、野生生物の減少をもたらす原因が「**環境ホルモン**（外因性内分泌かく乱化学物質）」にあるという仮説を示した。

④ 人間が動物を食料にしたり実験材料として使用したりすることは「**種差別**」であると主張し、**動物解放論**を提唱した。

⑤ 動物、植物、土壌、水からなる**生態系**が食物連鎖を通して相互に依存し合いながらひとまとまりの「全体」を構成していると考え、ここにいう「全体」を「土地」と呼んだ。そして、人間は「土地」の一部分であり、「土地」は人間の所有物ではないと主張し、人間が「土地」に対する尊敬の念や良心をもつことの大切さを説いた（**土地倫理**）。

⑥ 現代技術の暴走という危機に対処するためには、新しい倫理が必要だと考え、『**責任という原理**』を著した（存在の未来に対する責任こそ、現代における基底倫理であると主張している＝**未来世代への責任**）。

⑦ 論文「**共有地の悲劇**」において、有限な環境の下で各人が利益を追求し続けると、結果として全員の最大損失がもたらされると説いた。

⑧ 報告書『**成長の限界**』を通じて、急速な人口増加と経済成長が続くと環境悪化や資源枯渇につながると警告した。

①B　②A　③C　④E　⑤H　⑥G　⑦F　⑧D

◆ 環境倫理

・**世代間倫理**：現在の世代が未来世代の生存可能性を狭めてはならない という考え方。

・**地球有限主義**：資源などその地球の有限性を自覚した上で諸システム を変えていこうという考え方（「地球は無限」という考え方からの脱 却を図る）。

・**自然の権利（自然の生存権）**：人間以外の生物、生態系などにも人間 と同様に生存する権利があるという考え方。なお、野生動植物や生 態系を守るために、例えば動物を原告とし、人間が代理人となって、 土地開発を差し止めて動物の自然の権利を守るために起こす訴訟は 「自然の権利訴訟」と呼ばれる。日本では、奄美大島の土地開発の許 可取消しを求めて、アマミノクロウサギを原告とした「奄美自然の 権利訴訟」の例がある。

◆ 地球環境保全の取組み

国連人間環境会議（1972年）…スウェーデンのストックホルム 人間環境宣言の採択。UNEP（国連環境計画）の設置。基本理念と して「<u>かけがえのない地球</u>」を掲げた。

国連環境開発会議（1992年）…ブラジルのリオデジャネイロ リオ宣言とアジェンダ21の採択。気候変動枠組条約、生物多様性条 約などの署名開放。基本理念として「**持続可能な開発**」を掲げた。

地球温暖化への対応：1997年には京都議定書が採択され、先進国に 対する温室効果ガスの削減目標が設定された。2015年には、京都議 定書に代わる2020年以降の新たな枠組みとしてパリ協定が採択さ れ、途上国にも温室効果ガスの削減目標が設定されることになっ た。

問4 次の枠内の記号（A〜O）を、下の番号（①〜⑮）に合致させよ。

A. ノーマライゼーション	B. バリアフリー	C. 家族機能の外部化
D. デイサービス	E. アメニティ	F. プロダクティブ・エイジング
G. ショートステイ	H. ジェンダー	I. ユニバーサルデザイン
J. フェミニズム	K. クォータ制	L. ワーク・ライフ・バランス
M. セーフティネット	N. ディンクス	O. ステップ・ファミリー

① 社会的弱者（高齢者や障害者）を特別視せず、すべての人々が対等に「**普通の生活**」をおくることができる社会の実現をめざす理念。この理念は、1950年代にデンマークで知的障害児の親の会の活動がきっかけとなって生まれたといわれる。

② 「**障壁除去**」を意味する概念。高齢者、障害者、妊婦、子どもなどの生活弱者に不都合な障害がないこと。

③ 国籍、言語、年齢、性別、障害の有無などにかかわらず、できるだけ多くの人が利用できるように施設や製品などを設計することをいう。

④ 「生産的高齢者」とも訳される語句で、高齢者を介護や支援が必要な社会的弱者と捉えるのではなく、その知識や経験を有効活用して社会を変えていく力のある存在として捉える概念をさす。

⑤ 「**仕事と生活の調和**」を意味する語句で、働きながらも私生活（子育てや親の介護など）を充実させられるように職場や社会環境を整えることをいう。

⑥ 在宅の要介護高齢者が福祉施設で各種サービスを日帰りで受ける仕組み。

⑦ 介護者の疾病や介護疲れなどで介護が困難になった場合に、要介護高齢者が一時的に施設を利用するサービス。

⑧ **文化的・社会的に形成される性差**をいう。生物学的な性差（セックス）と区別して用いられる。

⑨ **女性解放思想**。女性の権利拡大をめざす考え方をいう。

⑩ 割当制。政治への女性の参加割合を高めるため、立候補者名簿に女性を一定割合掲載する制度をいう。

⑪ かつては家族が有していた機能（教育、介護、医療など）が、都市化の進展や家族形態の変化とともに、学校や福祉施設、病院など外部の組織や施設にそれぞれ委ねられるようになる変化や傾向をいう。

⑫ 子どもをもつ夫婦が離婚・再婚することによって生じる、血縁のない親子関係・兄弟姉妹関係を含む家族形態をさす。

⑬ 共働きで子どものいない夫婦をさす。

⑭ 心地の良さや快適環境を意味する語句である。例えば都市政策の分野においては、都市の人間的な住み心地のよさをさす。

⑮ 競争から脱落した人々を社会全体で救済する仕組みをいう。例えば、雇用保険制度や生活保護制度をはじめとする**社会保障制度**がこれにあたる。

問4 解答

①A ②B ③I ④F ⑤L ⑥D ⑦G ⑧H ⑨J ⑩K
⑪C ⑫O ⑬N ⑭E ⑮M

問5 次の枠内の記号（A～E）を、下の番号（①～⑤）に合致させよ。

A．マクルーハン　　B．ダニエル・ベル　　C．リップマン
D．ボードリヤール　E．ブーアスティン

---

① 工業化の次にくる社会、知識や情報に価値が重視される社会を「**脱工業化社会**」と呼んだ。

② 主著『**世論**』において、一定の社会集団に共有されている観念、広範に共有されている画一的で固定化した観念を「**ステレオタイプ**」と呼んだ。

③ マスメディアが現実よりも「本当らしさ」をもつイメージを意図的につくり出すことによって生まれた情報を「**擬似イベント**」と呼んだ人物（「擬似イベント」により「現実」と「幻想」との境界があいまいになると指摘した）。

④ メディアは人間の身体的な感覚を**拡張**したもの（感覚や想像力を増幅させるもの）であると説いた人物。彼によれば、グーテンベルクによる活版印刷術の発明は、「活字メディア」を発展させ、人々の生活や感覚を大きく変えた。その後、20世紀に入って映画・ラジオ・テレビなどの「映像・音響メディア」が普及したことによって、人々は目で見たり耳で聴いたりして得られる感覚的なイメージに動かされるようになった。

⑤ 消費社会において、人々は自分と他者とを区別する、あるいは自己の地位を示すための「**記号**」としてモノを購入・消費し、商品の機能そのものよりも、その消費がもたらすイメージや「記号」としての意味を重視するようになると論じた。

①B　②C　③E　④A　⑤D

● 情報社会に関連する用語

- **情報リテラシー（メディアリテラシー）**：メディアの伝える情報を読み解き、メディアを活用し、それを通じてコミュニケーションを行う能力をいう。
- **デジタルデバイド**：情報技術・機器を使いこなせる者と使いこなせない者、あるいは情報技術の恩恵を受けることのできる者とできない者との間に生じる情報格差や、それに基づく経済格差をさす。
- **ユビキタス（ユビキタス社会）**：いつでも、どこでも、だれでも、コンピュータネットワークに接続し、情報を利用することができる社会をさす。
- **ソーシャルメディア**：SNS（ソーシャルネットワーキングサービス）のように、インターネット上で利用者同士が情報を送受信することで成り立つメディアの総称。
- **パブリック・アクセス**：市民が地域社会の問題や自らの主張について、広く人々に訴えて共同して行動するために、メディアを活用したり公共の資源・財産・情報にアクセスしたりすることをいう。
- **VR**：「仮想現実の世界」を意味する語句（「Virtual Reality」の略）。
- **AI**：「人工知能」を意味する語句（「Artificial Intelligence」の略）。
- **IoT**：「モノのインターネット」と訳される語句（「Internet of Things」の略）。家電や自動車などがインターネットにつながることも、この例とされる。
- **ビッグデータ**：「大量の情報」を意味する語句。一般に、「事業に役立つ知見を導出するための大量の情報」をさす。例えば、あるオンラインショップでは、購買履歴やサイト内のアクセス情報に関する大量の情報をもとにして、商品を購入する際に、他のお勧め商品などを表示したりする。
- **デジタルネイティブ**：生まれたときから、または物心がつく頃から、デジタル機器（携帯電話など）やインターネットが普及していた環境で育った世代をさす。

46 文化の多様性と人類の課題

問6 次の枠内の記号（A～L）を、下の番号（①～⑫）に合致させよ。

A. カント　　　　　B. オルポート　　　　C. 赤十字国際委員会
D. 国境なき医師団　E. マララ・ユスフザイ　F. マルチカルチュラリズム
G. ステレオタイプ　H. ムハマド・ユヌス　　I. 人間の安全保障
J. アムネスティ・インターナショナル　K. エスノセントリズム
L. アファーマティブ・アクション（ポジティブ・アクション）

① **自民族中心主義・自文化中心主義**。自己の属する民族の文化を優れたものであるとして賛美し、他民族の文化を価値的に劣ったものとみなす思考や態度をさす。こうした傾向が高じると、他民族に対する文化的強制や**エスニック・クレンジング（民族浄化）** が行われることがある。

② **多文化主義**。社会（国会）に複数の民族や人種などが存在するとき、それらの異なった文化の共存を積極的に認めようとする立場をさす。

③ 女性や少数民族など長年にわたって社会的な差別を受けてきた人々に対して、大学の入学者数や企業の雇用数で一定の優遇措置を講じるなど、教育面や雇用面などにおける差別を是正するために実施される措置（**積極的差別是正措置**）のこと。

④ 一定の集団において共有される、画一的で固定化されたイメージ（紋切型の観念）。先入観によって形づくられた類型にあてはめて実際の事象を評価することにつながる。

⑤ 個別的事例にもかかわらず、集団全体を否定的に捉え、その集団が排除されるといった偏見の心理、いわゆる「**過度の一般化**」について分析した（人間の社会的態度や同調行動を研究した）人物。

⑥ 『**永遠（永久）平和のために**』を著した人物。戦争のない永遠（永久）平和を実現するためには、諸国家による国際的な平和機構を創設すべきであると説くとともに、常備軍は将来的に全廃されるべきであると訴えた。

⑦　2006年にノーベル平和賞を受賞した人物。「**貧しい人にお金をあげ
ることは、人間の尊厳を傷つける**」と主張するとともに、「**様々な制
約で個々の能力を発揮できず、貧困から抜け出せない**」ことが問題
であるとし、特に、貧しい女性の自立支援のため、少額の資金を無
担保で融資する仕組み（マイクロファイナンス）を構築した。

⑧　2014年にノーベル平和賞を受賞した人物。「**一人の子ども、一人の
教師、一冊の本、一本のペン、それで世界を変えられる**」と訴え、女
性と子どもの権利の確立と女性の自立のため、教育の重要性を唱えた。

⑨　貧困、飢餓、人権侵害、環境破壊など、人間の生存、生活、尊厳を
脅かすあらゆる脅威から、人間一人ひとりの安全を守ろうという理
念を表わす言葉。1994年に公表された **UNDP**（**国連開発計画**）の報告
書で一般に知られるようになった。

⑩　1863年に戦時の負傷者を救済する目的でスイス人実業家アンリ・
デュナンによって創設された組織。人道援助のための幅広い活動を
行っており、ノーベル平和賞を何度も受賞している。

⑪　「良心の囚人」と呼ばれる非暴力ながら政治的・宗教的問題で拘束
される人々の釈放を求めたり、死刑の廃止を訴えたりするなど、人
権擁護活動を行う **NGO**（**非政府組織**）。1977年にはノーベル平和賞を
受賞した。

⑫　設立憲章で「自然災害、事故、戦争などの犠牲者に対し、人種、政
治、宗教、思想などのいかなる影響も受けずに援助を行う」と宣言
し、活動を展開している NGO。1971年結成。1999年にはノーベル平
和賞を受賞した。

問6 **解答**
①K　②F　③L　④G　⑤B　⑥A　⑦H　⑧E　⑨I　⑩C
⑪J　⑫D

問7 次の枠内の記号（A～J）を、下の番号（①～⑩）に合致させよ。

A．ピカソ　　　B．雪舟　　　　C．ゴーギャン　　D．和辻哲郎
E．西行　　　　F．吉田兼好　　G．鴨長明　　　　H．千利休
I．松尾芭蕉　　J．世阿弥

① スペイン内戦に介入したナチス・ドイツ軍による一般市民への無差別爆撃を描いた壁画「**ゲルニカ**」を発表し、人類を恐怖と死に陥れる戦争の悲惨さや残虐さを告発した画家。

② 大胆な装飾的構図や色彩を特徴とする画家。タヒチ滞在中に描いた「**我々はどこから来たのか、我々は何者か、我々はどこへ行くのか**」は、人間の生についての根源的な問いを示す作品として知られる。

③ 平安末期～鎌倉初期の歌人・随筆家で『**方丈記**』を著す（「ゆく河の流れは絶えずして、しかももとの水にあらず」という冒頭の言葉が有名）。この世の「はかなさ」や「無常観」を随筆としてまとめた。

④ 平安末期～鎌倉初期の歌人で『**山家集**（さんかしゅう）』を著す（「願わくは花の下にて春死なむ　そのきさらぎの望月のころ」という歌が有名）。『山家集』は四季の歌や恋の歌を集めたもので、「無常」を主題としている。

⑤ 鎌倉末期～室町初期の歌人・随筆家で『**徒然草**』を著す。「咲きぬべきほどの（いまにも咲きそうな）梢（こずえ）、散りしをれたる庭などこそ見どころ多けれ」と述べ、花の満開のみに執着することをいさめるなど、「季節の移ろい」や「無常観」を随筆としてまとめた。

⑥ **能の大成者**で、室町時代に『**風姿花伝**』を著す（「秘すれば花」という言葉が有名）。『風姿花伝』は、静かな美しさの背景に、神秘的な奥深さを感じさせるような感覚（美）である「**幽玄**（ゆうげん）」を主題としている。

⑦　室町時代の禅僧。坐禅で得た寂静の境地を表現したとされる山水図などの作品で、墨の濃淡だけで枯淡や幽玄の美を描き、**水墨画**を日本において大成した。

⑧　安土桃山時代の茶人で**茶の湯（わび茶）**を大成させた。「**わび**」とは、物質的な不足を心の自足によって補い、満たす精神（質素で落ち着きのある風情）をいう。なお、わび茶の理想は、簡素さにおいて一期一会の茶をもてなすことにあるとされる。

⑨　江戸前期の俳人で『**奥の細道**』を著す（「月日は百代の過客_{かかく}にして、生きかふ年もまた旅人なり」という冒頭の言葉が知られている）。『奥の細道』は、内面的な閑寂さとしての「**さび**」を主題とした俳諧紀行である。

⑩　『**風土**』を著し、風土を「モンスーン型」「砂漠型」「牧場型」の 3 つに分類した人物。

	モンスーン型 日本など	砂漠型 中東・アフリカ	牧場型 ヨーロッパ
自然	気まぐれ	荒々しい	穏やか
人の生活	自然に対して 受容的・忍従的	自然に対して 戦闘的・対抗的	自然に対して 主体的・征服的

第5章 現代の諸課題と倫理

問7 解答

①A　②C　③G　④E　⑤F　⑥J　⑦B　⑧H　⑨I　⑩D

173

問題演習⑤

....

問1 情報社会や消費社会をめぐる問題についての説明として最も適当なものを、次の①〜④のうちから一つ選べ。

① ボードリヤールによれば、消費社会の中で人々は、メディアから提供される情報を手がかりにしながら、もっぱら有用性の観点から商品を購入し、ただ大量に消費することそれ自体を目的としている。

② リップマンによれば、人々はメディアの情報から一定のイメージを思い浮かべ、それに従って現実を理解しているので、メディアによって情報が意図的に操作されると、世論が操作される危険がある。

③ ブーアスティンによれば、現代のメディアが提供しているのは、物語としての迫真性をそなえた「本当らしい」出来事にすぎず、視聴者の側はメディアから流される情報に関心をもたなくなっている。

④ マクルーハンによれば、近代社会では活字メディアが支配的だったが、20世紀に入って映画やテレビのようなメディアがそれに取って代わった結果、人間の感覚や想像力は貧困なものになっている。

(2017年度センター本試験)

問1 解答 ②

　①不適当。**ボードリヤール**は、現代の消費社会では、人々は自分と他者とを区別する、あるいは自己の地位を示すための「**記号**」としてモノを購入・消費し、商品の機能そのものよりも、その消費がもたらすイメージや「記号」としての意味を重視するようになると主張した。「もっぱら有用性の観点から商品を購入し、ただ大量に消費することそれ自体を目的としている」という選択肢の説明は、ボードリヤールの主張に照らし、適当といえない。

　②適当。**リップマン**は、メディアが情報を意図的に操作し、人々に一定のイメージを植えつけて、世論操作を行う危険性を指摘した。

　③不適当。**ブーアスティン**は、マスメディアが現実よりも「本当らしさ」をもつイメージを意図的につくり出すことによって生まれた情報を「**擬似イベント**」と呼んだことで知られる。彼によれば、現代の視聴者はメディアによる報道の正確さよりも物語としての迫真性や映像の「本当らしさ」、すなわち「擬似イベント」を好むようになっている。「視聴者の側はメディアから流される情報に関心をもたなくなっている」という選択肢の説明は、ブーアスティンの主張に照らし、適当といえない。

　④不適当。**マクルーハン**は、あらゆるメディアは人間の身体的な感覚を拡張したもの（感覚や想像力を増幅させるもの）であると説いた。「人間の感覚や想像力は貧困なものになっている」という選択肢の説明は、マクルーハンの主張に照らし、適当といえない。

問題演習⑤

問2 今日、バリアフリーを一歩進めた考え方として、ユニバーサルデザインが提唱されている。図のように、駅のホームに降りるために、階段脇に取り付けられた車いす専用の昇降機ではなく、エレベーターを設置することなどがその一例である。その背景にある考えとして**適当でないもの**を、下の①〜④のうちから一つ選べ。

図　車いす用昇降機

図　エレベーター

① 従来、健常者を念頭に社会環境をデザインしてきたことは、高齢者や障害者の利用を想定していなかった点で、かれらに対する人権侵害の可能性もある。

② 社会環境に、高齢者や障害者専用の特別な改造を施すことは、かえって周囲の人々の視線を集めることとなり、差別を助長することにもなりかねない。

③ 高齢者や障害者が交通機関や公共施設を利用できないことは、慈善の観点から問題があるので、かれらも利用できる社会環境をデザインすべきである。

④ 初めから高齢者や障害者も利用できるように社会環境をデザインすることは、かれらに社会参加を促し、かれらの生活の可能性を広げることにつながる。

(2010年度センター追試験)

　ユニバーサルデザインとは、年齢の違いや障害の有無などにかかわらず、すべての人にとって使いやすいように工夫された製品（用具）・施設（建造物）のデザイン（設計）をさす。この取組みでは、社会環境を整備する際、健常者が利用することのみを念頭にデザインするのではなく、初めから高齢者や障害者を含む万人が利用できるようにデザインすることが重視される。また、ユニバーサルデザインの普及は、高齢者や障害者の人権の保障や生活の可能性を広げ、**ノーマライゼーション**の実現につながると考えられている。

　③は不適当。「高齢者や障害者が交通機関や公共施設を利用できないことは、慈善の観点から問題がある」ということを理由に、「かれらも利用できる社会環境をデザインすべきである」という考えは、初めから高齢者や障害者を含む万人が利用できるようにデザインすることを重視するユニバーサルデザインの考え方とは異なる。

　①②④は適当。ユニバーサルデザインが提唱される背景にある考えといえる。ユニバーサルデザインが提唱される背景にある考えとして、高齢者や障害者の人権の保障や生活の可能性を広げようというものがある。

さくいん

か行

さ行

た行

な行

は行

や行

ら・わ行

おわりに

この本を最後まで活用してくれた受験生の皆さん、お疲れさまでした。粘り強く最後までやりとげたことに自信をもってください。

最後の締めくくりに、「入試の本番直前に最終確認するためのメモをつくろう」という助言を残すことにします。「これは覚えきれない」「区別がまぎらわしくて苦手」といった項目について、試験直前に整理ができるよう自分なりに「メモ」をつくっておくことをお勧めします（具体的には「自然哲学者」「ルネサンス期の人物と作品」「実存主義の思想家」「社会主義の思想家」などの項目が思いつきます）。

皆さんの入試本番でのご検討をお祈りします！　GO！GO！スーパー受験生！

吉見　直倫